my News explica!

Eleições Brasileiras

Luis Felipe Salomão
Daniel Vianna Vargas

70

my News explica!

Eleições Brasileiras

Luis Felipe Salomão
Daniel Vianna Vargas

70

MYNEWS EXPLICA
ELEIÇÕES BRASILEIRAS
© Almedina, 2022
AUTOR: Luis Felipe Salomão e Daniel Vianna Vargas

DIRETOR DA ALMEDINA BRASIL: Rodrigo Mentz
EDITOR DE CIÊNCIAS SOCIAIS E HUMANAS E LITERATURA: Marco Pace
COORDENADORAS DA COLEÇÃO MYNEWS EXPLICA: Gabriela Lisboa e Mara Luquet
ASSISTENTES EDITORIAIS: Isabela Leite e Larissa Nogueira
ESTAGIÁRIA DE PRODUÇÃO: Laura Roberti

REVISÃO: Sol Coelho
DIAGRAMAÇÃO: Almedina
DESIGN DE CAPA: Roberta Bassanetto
IMAGEM DE CAPA: Rafapresss/Albaregiya - Freepik.com

ISBN: 9788562938726
Junho, 2022

Dados Internacionais de Catalogação na Publicação (CIP)
(Câmara Brasileira do Livro, SP, Brasil)

Salomão, Luis Felipe
MyNews explica eleições brasileiras / Luis Felipe Salomão, Daniel Vianna Vargas. – São Paulo
Edições 70, 2022.

Bibliografia
ISBN 978-85-62938-72-6

1. Ciência política 2. Eleições - Brasil
3. Política - Brasil 4. Presidentes - Brasil - Eleição I. Vargas, Daniel Vianna. II. Título.

22-107082 CDD-324.720981

Índices para catálogo sistemático:
1. Brasil : Eleições : Ciência política 324.720981
Maria Alice Ferreira - Bibliotecária - CRB-8/7964
Este livro segue as regras do novo Acordo Ortográfico da Língua Portuguesa (1990).

EDITORA: Almedina Brasil
Rua José Maria Lisboa, 860, Conj.131 e 132, Jardim Paulista | 01423-001 São Paulo | Brasil
www.almedina.com.br

"Votar parece ser muito simples, fácil e seguro. E é mesmo! Dá pra fazer em poucos segundos. Mas você não imagina o trabalho que existe por trás disso. Em todos os 5.570 municípios do país, são instaladas cerca de 530 mil urnas eletrônicas. São 3.222 juízes eleitorais trabalhando o tempo todo. O Brasil foi o primeiro país do mundo a ter eleições realizadas pela Justiça Eleitoral. Um Poder isento, que garante a democracia. São também mais de 2 milhões de mesários. É mais gente do que a população de muitas cidades do mundo. Os votos dos quase 143 milhões de eleitores são apurados e o resultado é divulgado em questão de horas. É isso que a Justiça eleitoral faz há 70 anos. Garante a você o direito ao voto de forma segura e imparcial. E depois da eleição, é hora de julgar milhares de processos e preparar a próxima! O trabalho não para!" (*POR TRÁS DO VOTO*, 2014).[1]

---

1 POR TRÁS DO VOTO [anúncio]. Direção: Pedro Serrano. Produção: Start Filmes Ltda.-ME (imagem) e E-noise (som). Anunciante: Tribunal Superior Eleitoral [S. l.]. Agência: Borghi Lowe Propaganda e MKT Ltda. (2014).

Apresentação

Zelar pela informação correta de boa qualidade com fontes impecáveis é missão do jornalista. E nós no MyNews levamos isso muito a sério. No século 21, nosso desafio é saber combinar as tradicionais e inovadoras mídias criando um caldo de cultura que ultrapassa barreiras.

A nova fronteira do jornalismo é conseguir combinar todos esses caminhos para que nossa audiência esteja sempre bem atendida quando o assunto é conhecimento, informação e análise.

Confiantes de que nós estaremos sempre atentos e vigilantes, o MyNews foi criado com o objetivo de ser plural e um *hub* de pensamentos que serve como catalisador de debates e ideias para encontrar respostas aos novos desafios, sejam eles econômicos, políticos, culturais, tecnológicos, geopolíticos, enfim, respostas para a vida no planeta nestes tempos tão estranhos.

A parceria com a Almedina para lançar a coleção MyNews Explica vem de uma convergência de propósitos.

A editora que nasceu em Coimbra e ganhou o mundo lusófono compartilha da mesma filosofia e compromisso com o rigor da informação e conhecimento. É reconhecida pelo seu acervo de autores e títulos que figuram no panteão de fontes confiáveis, medalhões em seus campos de excelência.

A coleção MyNews Explica quer estar ao seu lado para desbravar os caminhos de todas as áreas do conhecimento.

Mara Luquet

Sumário

1. Introdução

O trabalho pretende abordar a configuração do sistema eleitoral brasileiro e de algumas democracias ao redor do mundo, contextualizando o papel da Justiça Eleitoral, os mecanismos de votação e algumas particularidades dos modelos representativos.

Por meio de uma abordagem expositiva, pretende-se esclarecer a importância do sistema eleitoral para a democracia e como o cidadão participa do processo de tomada de decisão na sociedade em que vive.

Se é certo que, ao menos desde o século V a.C., documenta-se a história das eleições no mundo — embora haja narrativas anteriores da participação de druidas e sacerdotes na escolha dos líderes políticos celtas e hindus —, no Brasil, esse registro remonta a 1532, com a eleição do Conselho Municipal da Vila de São Vicente (atual São Paulo).

A democracia é um sistema em constante mutação e evolução, e a realização das eleições atrai-lhe um conceito formal. Em seu aspecto material, a democracia vem relacionada à efetivação dos direitos fundamentais, notadamente os sociais. Por fim, em concepção deliberativa, a democracia significa a possibilidade de discussão e diálogo sobre os principais temas que envolvem uma sociedade. Em qualquer um desses prismas, percebe-se que o voto é atualmente o principal instrumento de participação do povo no exercício do poder.

Na última década, desde dezembro de 2010, com a chamada "Primavera Árabe", vários movimentos populares clamaram pela realização de eleições livres em países onde o processo de escolha dos seus representantes não contava com a participação popular. Chegaram notícias e relatos de manifestações que ocorriam no Oriente Médio, no Norte da África — especificamente na Tunísia, no Egito, na Líbia, na Argélia, no Iraque, na Jordânia, na Síria, em Omã, no Iêmen —, além de alguns protestos de menor intensidade, mas também significativos, no Líbano, no Kuwait, em Marrocos, na Mauritânia, na Arábia Saudita e no Sudão.

Antes dessa onda, ocorreram também reclamos por uma democracia mais robusta, em movimentos que causaram rupturas, como a Revolução Bulldozer, na Sérvia, em 2000, que levou à queda de Slobodan Miloševiç; a Revolução Rosa, na Geórgia, em 2003; a Revolução Laranja, na Ucrânia, em 2004; a Revolução das Tulipas, no Quirguistão, em 2005; a Revolução dos Cedros, no Líbano — entre outras.

Não obstante, mais recentemente, muitos questionamentos foram levantados sobre uma possível crise dos sistemas democráticos, principalmente em razão do chamado viés totalitário, presente em alguns países nos quais as eleições são realizadas.

Pode-se constatar, assim, que, em cada contexto cultural de uma determinada sociedade, em certo momento histórico, ou mesmo em cada crise, o conceito de democracia experimenta modulações, adquirindo novos elementos e contornos. Nessa equação, pretende-se identificar a atuação da Justiça Eleitoral, ressaltando o fato de que, tradicionalmente, correlacionam-se as eleições a momentos de (re) fundação de uma democracia.

Partindo do panorama brasileiro, cabe à Justiça Eleitoral viabilizar as eleições, com base nas diretrizes legais fixadas pelo Congresso Nacional, organizando o pleito, efetuando a contagem de votos e proclamando os vencedores, da forma mais segura e célere possível. É função constitucional da Justiça Eleitoral garantir a legitimidade das eleições e a igualdade entre os concorrentes, podendo essa atuação ocorrer de forma preventivo-pedagógica ou repressiva — neste caso, fazendo uso de seu dever jurisdicional.

Especificamente quanto à parte administrativa, os países possuem modelos distintos de atuação, atribuindo a diversos órgãos da estrutura governamental, geralmente, a função de organizar as eleições. Cuida-se de escolha política, consentânea com o modelo de repartição de poderes do Estado, no qual funções anômalas são exercidas por todos os entes.

O objetivo deste trabalho é apresentar um panorama contextualizado das eleições nas democracias contemporâneas e o papel da Justiça Eleitoral nesse ambiente, discorrendo sobre os aspectos relevantes, com o debate necessário em relação aos pontos mais sensíveis.

Desde logo, sinalize-se ao leitor atento: as décadas de experiência profissional e imparcial dos autores no exercício da magistratura traduzem a ausência de viés ideológico ou partidário na exposição, a qual pretende, antes de tudo, oferecer uma leitura agradável e acessível sobre o sistema eleitoral brasileiro.

2. A História Eleitoral do Brasil

Os portugueses encontraram no Brasil de 1500 povos seminômades, havendo um choque cultural praticamente inconciliável. Enquanto os habitantes originários estavam quase na era da pedra lascada, os europeus já tinham acesso a uma tecnologia bastante avançada para a época, possibilitando a conquista e a dominação imediatas, com a morte de milhões de indígenas, seja pela guerra, seja pela escravidão e por doenças. Calcula-se que, em cerca de trezentos anos, desde a chegada dos portugueses, a população indígena diminuiu de quatro milhões para menos de um milhão de indivíduos.

Ainda, considerável também é o fato de que o objetivo da colonização era comercial, um empreendimento consorciado entre o governo e particulares, sendo a monocultura açucareira a que melhor se adequava aos propósitos — diante da demanda crescente na Europa — e às grandes áreas de terra existentes. Todavia, essa espécie de latifúndio monocultor exigia larga mão de obra, o que foi suprido com a tragédia da escravização dos africanos.

Esses fatores revelam traços característicos da nossa economia e da nossa sociedade durante centenas de anos, acarretando a desigualdade social e as fraturas expostas em nossa formação presentes até os dias atuais.[2]

Segundo os historiadores, pode-se diferenciar o formato de colonização adotado no Brasil de um modelo feudal, principalmente com base na economia portuguesa da época:

> Estado patrimonial, portanto, e não feudal, o de Portugal medievo. Estado patrimonial já com direção pré-traçada, afeiçoado pelo direito romano, bebido na tradição e nas fontes eclesiásticas, renovado com os juristas filhos da Escola de Bolonha. A velha lição de Machiavel, que reconhece dois tipos de principado, o feudal e o patrimonial, visto, o último, nas suas relações com o quadro administrativo, não perdeu o relevo e a significação. Na monarquia patrimonial, o rei se eleva sobre todos os súditos, senhor

---

[2] "Escravidão e grande propriedade não constituíam ambiente favorável à formação de futuros cidadãos. Os escravos não eram cidadãos, não tinham os direitos civis básicos à integridade física (podiam ser espancados), à liberdade e, em casos extremos, à própria vida, já que a lei os considerava propriedade do senhor, equiparando-os a animais. Entre escravos e senhores existia uma população legalmente livre, mas a que faltavam quase todas as condições para o exercício dos direitos civis, sobretudo a educação. Ela dependia dos grandes proprietários para morar, trabalhar e defender-se contra o arbítrio do governo e de outros proprietários. Os que fugiam para o interior do país viviam isolados de toda convivência social, transformando-se, eventualmente, eles próprios em grandes proprietários. Não se pode dizer que os senhores fossem cidadãos. Eram, sem dúvida, livres, votavam e eram votados nas eleições municipais. Eram os 'homens bons' do período colonial. Faltava-lhes, no entanto, o próprio sentido da cidadania, a noção da igualdade de todos perante a lei. (CARVALHO, José Murilo de. *Cidadania no Brasil: o longo caminho*. 27ª ed. Rio de Janeiro: Civilização Brasileira, 2021, p. 29).

> da riqueza territorial, dono do comércio — o reino tem um *dominus,* um titular da riqueza eminente e perpétua, capaz de gerir as maiores propriedades do país, dirigir o comércio, conduzir a economia como se fosse empresa sua. O sistema patrimonial, ao contrário dos direitos, privilégios e obrigações fixamente determinados do feudalismo, prende os servidores numa rede patriarcal, na qual eles representam a extensão da casa do soberano.[3]

As relações de trabalho, na colonização, tiveram sua base na escravidão, com a marginalização, inferiorização e desapossamento, primeiro, dos índios e, depois, dos negros, que tinham por única missão trabalhar e gerar riqueza para os senhores.

Esse modelo, obviamente, desagua em problemas sociais que ainda persistem, como a exclusão e a violência, além de sua inconstância gerar instabilidade social. As imensas desigualdades entre os senhores e os que eram subjugados ocasionavam um vácuo que impedia o diálogo, uma ponte necessária para a formação de um espírito de nação.

Segundo Jacques Lambert, ao tratar da nossa história política:

> [...] são aplicados estereótipos, talvez justificados pela nossa história, como individualismo anárquico, falta de respeito pela legalidade, gosto pela violência de militares políticos indisciplinados, culto do poder pessoal aguçado pela transposição imprudente do regime presidencial. Eis os traços culturais atribuídos

---

[3] FAORO, Raymundo. *Os Donos do Poder: Formação do Patronato Político Brasileiro.* 3ª ed. rev. São Paulo: Globo, 2001.

aos nosso país e que seriam a causa dos golpes de Estado militares, das ditaduras presidenciais e das revoluções quadrienais.[4]

As atividades econômicas posteriores — principalmente a mineração e a criação do gado —, da mesma forma, não favoreceram o surgimento de um sentimento de cidadania. A mineração era atividade muito volátil, criando transitórios e confusos núcleos urbanos. Noutro vértice, a criação do gado gerava isolamento populacional, com os trabalhadores alijados dos mecanismos estatais de controle social. Predominava o poder privado.

Conforme Darcy Ribeiro, tínhamos "uma feitoria fundiária hostil ao seu povo condenado ao arbítrio, à ignorância e à pobreza, como mecanismos de autoperpetuar a ordem social vigente".[5] O autor identificava três setores na colônia: um estamento burocrático, com funções civis e militares, comandado por Lisboa; um setor religioso, encarregado principalmente da catequização dos índios e do direcionamento ideológico da colônia, com base nas diretrizes de Roma; por fim, os senhores e comerciantes, cujo objetivo era viabilizar uma economia exclusivamente de exportação, incluindo agentes de casas financeiras e armadores.

Os terrenos que, no início da colonização, eram livres passaram a ter sua ocupação regulada por Portugal, que estabelecia critérios para o acesso por meio das chamadas Sesmarias, modelo que durou até o ciclo do ouro, quando a reivindicação pela terra se tornou mais difusa.

---

[4] LAMBERT, Jacques. *Os Dois Brasis*. São Paulo: Companhia Editora Nacional, 1971.

[5] RIBEIRO, Darcy. *O Povo Brasileiro: A Formação e o Sentido do Brasil*. São Paulo: Companhia das Letras, 1999.

Somou-se a esse fator o crescimento dos movimentos abolicionistas no século XIX. Para evitar o êxodo dos latifúndios pelos possíveis libertos — "a fuga de braços" —, editou-se a Lei das Terras, dificultando o acesso dos mais pobres às terras e evitando a formação de uma economia camponesa que fragilizasse as grandes plantações.

Esse breve recorte histórico bem traduz a fragilização de um conceito de cultura política que, segundo Caio Prado Júnior, "serve de base moral e psicológica, para a formação do Brasil como nação, e proporciona a unidade nacional já realizada na geografia e na tradição".[6]

De acordo com Almond e Verba, "Cultura Política é a expressão do sistema político de uma determinada sociedade nas percepções, sentimentos e avaliações da sua população. O termo refere-se às orientações especificamente políticas, às atitudes com respeito ao sistema político, suas diversas partes e o papel dos cidadãos na vida pública".[7]

O conceito, devidamente adaptado às nossas raízes históricas e culturais, evidencia nosso modelo de formação da sociedade, bem como a construção daquilo que se entende como cidadania no Brasil, demonstrando de forma clara o paralelismo entre algumas estruturas viciadas de nosso sistema representativo e a relevância de alguns atores para a tentativa de manutenção de um arcabouço igualitário de participação popular nos destinos da nação.

No século XIX, o interesse da elite política revelava uma das suas principais facetas, qual seja, o controle do povo e a busca pelo poder. Nesse cenário, veem-se os avanços e os

---

[6] PRADO JÚNIOR, Caio. *Formação do Brasil Contemporâneo.* 23ª ed. São Paulo: Brasiliense, 1994.

[7] ALMOND. G.; VERBA S. *The Civic Culture: Political Attitudes and Democracy in Five Countries.* Princeton: Princeton University Press, 1963.

retrocessos da história do voto, principal instrumento de participação popular na vida pública do país.

Até o surgimento da Justiça Eleitoral o trajeto foi longo. Ela foi criada como forma de combate aos abusos ocorridos na formação da tessitura política, garantindo liberdade de escolha e igualdade entre os concorrentes aos cargos públicos, é um dos grandes marcos da cidadania no Brasil. A Justiça Eleitoral no Brasil foi criada para garantir liberdade e cidadania, essa é a sua marca "genética", como se poderá constatar mais a frente.

Novamente Jacques Lambert, ao tratar da política no século XIX, ressalta que "a democracia no Brasil, mais do que em qualquer outra parte, não podia deixar de ser uma democracia de Senhores, a população em geral não tinha qualquer participação na vida política do país".[8]

Nas camadas mais humildes da sociedade, impera um ambiente propício às práticas perniciosas, confundindo-se espaços públicos e privados, deveres e obrigações particulares e do Estado.

Retomando o recorte histórico, também Nestor Duarte[9], em sua obra *A Ordem Privada e a Organização Política Nacional*, aponta a influência dos nichos familiares de poder na organização política do Estado. Segundo o autor, a figura do "senhoriato territorial" revelava a base da concentração política e econômica do período colonial.

Nessa mesma linha de entendimento, Nelson Werneck Sodré[10] afirma que o debate político de então era circunscrito

---

[8] LAMBERT, Jacques. *Os Dois Brasis*. São Paulo: Companhia Editora Nacional, 1971.

[9] DUARTE, Nestor. *A Ordem Privada e a Organização Política Nacional*. São Paulo: Companhia Editora Nacional, 1939.

[10] SODRÉ, Nelson Werneck. *Formação Histórica do Brasil*. São Paulo: Editora Brasiliense, 1962, p. 222 – 274.

aos senhores de terras e a alguns abastados comerciantes. Essa classe protagonista ocupava os mais relevantes espaços de poder da Monarquia, pautando os interesses escravistas e econômicos.

Era imperativo o controle sobre o resultado das eleições, que, conforme publicado na obra *Os Donos do Poder* (1958)[11], de Raymundo Faoro, eram realizadas em um ambiente de violência e coerção sobre o eleitorado.

Percebe-se que, enquanto o movimento eleitoral esteve restrito às câmaras municipais, a discussão girava em torno da autonomia local[12], não sendo possível ainda se falar em democracia. Mesmo a independência não modificou esse panorama, a despeito de ter inserido no enredo novos atores: barão, coronel, eleitor de cabresto e partidos políticos. As relações políticas da elite se transformaram, mas não houve inserção do povo na arena de debate.

O processo de investidura nos cargos de poder permaneceu por designação do governo central, o que restringia o interesse dos núcleos regionais de poder — os clãs — no âmbito local.

Para a maior parte dos estudiosos sobre o tema, o eleitor nesse período é visto eminentemente como um sujeito passivo ou, sob outra ótica, um "negociador de votos". Concluem que o modelo político de personificação do poder retira o protagonismo da massa votante e da essência da outorga de mandato popular. Situação bastante distinta ocorre nos sistemas políticos nos quais prevalecem os direitos civis e

---

[11] FAORO, Raymundo. *Os Donos do Poder: Formação do Patronato Político Brasileiro.* 3ª ed. rev. São Paulo: Globo, 2001, p. 403 – 472.

[12] WEBER, Max. *Economia e Sociedade: Fundamentos da Sociologia Compreensiva.* 2º v. Brasília: Editora Universidade de Brasília: São Paulo: Imprensa Oficinal de São Paulo, 1999.

políticos do povo. Esse seria um cotejo necessário para a identificação da cidadania.

Richard Graham, em sua obra *Clientelismo e Política no Brasil do Século XIX*[13], sustenta que as eleições daquele período significavam o instrumento pelo qual a elite conquistava e mantinha prestígio e poder — inclusive cargos —, geralmente utilizando-se de métodos violentos. Na ótica do autor, a lógica reinante era o clientelismo, sendo o processo eleitoral um componente acessório. Não reconhece, portanto, caráter democrático no sistema, sendo refutado qualquer traço de cultura política participativa na atuação do eleitorado, principalmente fora dos grandes centros.

Porém, como um contraponto, é salutar recordar as palavras de Rachel de Queiroz:

> Não, não é verdade quando políticos, querendo fazer média, dizem que a inquietação existe apenas aqui no Rio e que o homem da província só pede aos seus dirigentes paz e silêncio para poder trabalhar. É mentira, ou é pelo menos uma meia verdade, nascida da má observação e do interesse. É certo que o homem do interior não se agita como o carioca. Mas é que ele vive do lado de fora da empanada do circo e, portanto, não assiste ao trabalho dos palhaços, dos equilibristas e dos engole-fogo. Assim, não colabora na claque e nem vaia os mais desastrados.[14]

---

[13] GRAHAM, Richard. *Clientelismo e Política no Brasil do século XIX*. Rio de Janeiro: Editora UFRJ, 1997.

[14] QUEIROZ, Rachel de. "Nem tudo é paisagem apenas". *O Cruzeiro*. Rio de Janeiro, 26 mai. 1956.

Quanto aos termos utilizados para significar as relações espúrias entre as elites pública e privada e as práticas de cooptação do eleitorado, é pertinente demonstrar que os estudiosos[15] apontam distinções entre os conceitos de clientelismo e coronelismo — expressões utilizadas até os dias atuais. O primeiro diz respeito à concessão de benefícios públicos em troca de apoio político. Já o segundo associa-se à hegemonia dos senhores (coronéis) sobre o Estado.

Rememorando Victor Nunes Leal, "o que procurei examinar foi sobretudo o sistema. O coronel entrou na análise por ser parte do sistema, mas o que mais me preocupava era o sistema, a estrutura e a maneira pelas quais as relações de poder se desenvolviam na Primeira República, a partir do município".[16]

Para o ex-Ministro, o coronelismo deve ser percebido na junção do federalismo implantado pela República à conjuntura econômica. Surgindo a figura do governador de estado, dotado de amplos poderes, insere-se nesse contexto a decadência econômica dos fazendeiros — os coronéis. A manutenção do poder dos coronéis passa a exigir a presença do Estado. Portanto, o coronelismo — movimento datado — era um sistema político que tinha por base as espúrias relações entre o governo e os coronéis. O governo cedia o controle de cargos públicos, e os coronéis apoiavam o governo, principalmente na forma de votos.

---

[15] CARVALHO, José Murilo de. "Mandonismo, Coronelismo, Clientelismo: Uma Discussão Conceitual." *Dados*. Rio de Janeiro: v. 40, nº 2 (1997). Disponível em https://www.scielo.br/j/dados/a/bTjFzwWgV9cxV8YWnYtMvrz/?lang=pt. Acesso em 16 fev. 2022. VELLASCO, Ivan de Andrade. "Clientelismo, Ordem Privada e Estado no Brasil Oitocentista: Notas para um Debate". *In*: CARVALHO, José Murilo de; NEVES, Lúcia Maria Bastos Pereira das (org.). *Repensando o Brasil dos Oitocentos*. Rio de Janeiro: Civilização Brasileira, 2009.

[16] LEAL, Victor Nunes *Coronelismo, Enxada e Voto*. Rio de Janeiro: Forense, 1948.

Para Faoro, contudo, os conceitos não são estanques, havendo alguma identificação entre as figuras:

> Coronéis seriam pessoas que, graças a sua situação econômica, dirigem um grupo como profissão acessória não retribuída, ou mediante uma retribuição nominal ou honorária, sustentados pelo apreço comum, de modo a gozar da confiança de seu círculo social. [...] Em uma sociedade como essa, regada ao patrimonialismo selvagem, acaba pulverizada em um localismo isolado, que o retraimento do estamento secular acentua de modo a converter o agente público em um cliente, dentro de uma vasta rede clientelista da qual a população também faz parte, o Estado e bem como toda e qualquer repartição pública se restringiria a balcões de negócios. Toda essa rede de relações que tem como nós de circulação a figura do coronel explicam a assimetria política do sistema reinante.[17]

Mesmo considerando a edição de normas voltadas à democratização do processo eleitoral, a vontade popular não era expressa livremente, fragilizando o sistema representativo, em razão da ascendência dos núcleos de poder — da própria Coroa e do Poder Moderador exercido por D. Pedro II — sobre o povo.

Nesse particular, é um grande desafio para qualquer população acompanhar a prodigalidade legislativa de nossa história, circunstância muito acentuada àquela época, diante da dificuldade de disseminação da informação.

---

[17] FAORO, Raymundo. *Os Donos do Poder: Formação do Patronato Político Brasileiro*. 5ª ed. Rio de Janeiro: Globo, 1979.

No que se refere exclusivamente à figura de D. Pedro II, sabe-se que o Imperador possuía apreço pelas liberdades individuais, pela ciência e pela instrução da população, não sendo esse fator, necessariamente, uma causa de embaraços à formação de nossa cidadania.

Em relação ao próprio processo de independência, não se pode apontar por aqui um movimento disruptivo, principalmente quando comparado com outros países da América Latina. Ao contrário dos movimentos revolucionários e dos grandes líderes "libertadores" — como Símon Bolívar, José de San Martín, Bernardo O'Higgins, Antonio José de Sucre, Miguel Hidalgo e José María Morelos —, a transição no Brasil ocorreu de maneira pacífica. O movimento foi caracteristicamente negociado, contando com a elite nacional — principalmente na figura de José Bonifácio —, a Coroa Portuguesa e a Inglaterra, tendo D. Pedro como mediador.

Esses atores protagonistas engendraram uma transição relativamente pacífica, mantendo-se a monarquia com um rei português representante da Casa de Bragança, tendo Portugal recebido, por influência inglesa, uma indenização de 2 milhões de libras esterlinas. A manutenção da monarquia deveu-se, principalmente, ao receio de repetição das violentas rupturas ocorridas nas colônias espanholas. Temia-se uma convulsão social generalizada, a fragmentação da colônia em vários pequenos países, além de uma rebelião escrava com a expulsão dos senhores. A figura do rei representava a crença na manutenção da ordem social e na unidade da nova nação.

Nada obstante, conservou-se a sociedade escravagista, chaga que impedia qualquer avanço civilizatório relevante em termos de cidadania e humanismo. Nem sequer a pressão da Inglaterra foi suficiente para a abolição, tampouco para a interrupção do tráfico humano. Aliás, a própria Constituição de 1824 revela um silêncio eloquente sobre a escravidão, sem embargo de suas influências claras nos ideais iluministas.

Importa destacar que Portugal já havia feito movimentos nesse sentido, com a libertação de asiáticos ainda no século XVI e, por ato do Marquês de Pombal, sob o reinado de D. José I, em 1761, com a decretação do fim do tráfico de escravos — principalmente negros e índios — das colônias para a metrópole.

Retomando a evolução social no Brasil, durante o período imperial, somente em torno de 1% da população tinha direito ao voto. Exclusões de toda ordem eram a regra: não votavam mulheres, menores de 21 anos, indígenas, analfabetos, membros do clero e aqueles que não tivessem renda mínima. Somente os homens livres exerciam a cidadania.

Nas palavras de Frei Vicente, em sua *História do Brasil, 1500-1627*, "verdadeiramente que nesta terra andam as coisas trocadas, porque toda ela não é república, sendo-o cada casa".

Desse modo, afirma-se que a participação popular no Império era inexistente ou, no máximo, aparente. Teria sido percebida somente durante os movimentos de revolta da Regência, notadamente na Guerra dos Cabanos, na qual os menos favorecidos teriam conseguido a manutenção do poder no Pará.[18]

Podem ser categorizados como manifestações cívicas ou revoltas políticas alguns movimentos liderados por parte da elite, como a Inconfidência Mineira (1789), e outros mais populares, como a Revolta dos Alfaiates (1798), na Bahia.

---

[18] PRADO JÚNIOR, Caio. *Evolução Política do Brasil e Outros Estudos*. São Paulo: Brasiliense, 1961.

Na revolta ocorrida em Pernambuco, em 1817, levada a cabo por militares de alta patente, comerciantes, senhores de engenho e padres — sob influência maçônica —, aparecem com alguma nitidez anseios por uma maior participação social e política. Não só em Pernambuco, mas também nas capitanias da Paraíba e do Rio Grande do Norte, os rebeldes conseguiram controlar o governo durante alguns meses. Conquanto tenham expressado alguns conceitos iluministas, o fato de não terem combatido a escravidão retira desses movimentos qualquer símbolo de igualdade ou de fraternidade.

Conforme Lúcia Bastos[19], a independência forçou a construção de nova cultura política. Ainda que tímida e vagorosamente, a criação do Estado — substituindo a Coroa — levou a discussão política dos palácios para a praça pública, tornando-se o termo "eleições" e seu conceito mais próximos da vida cotidiana.

O debate tem início com a difusão de ideias constitucionais e recentes símbolos liberais propagados por meio de panfletos e folhas avulsas. A possibilidade de o homem comum ter papel relevante no processo de tomada de decisão dos destinos de uma sociedade é muito bem identificada no conjunto de valores advindos da Revolução Americana e da Revolução Francesa.

Aparentemente, não houve no Brasil nada parecido com o "convite formal" efetuado pela Declaração dos Direitos do Homem e do Cidadão, em 1789, na Europa. Nem mesmo na França esse caminho foi fácil, narrando Pierre

---

19 NEVES, Lúcia Maria Bastos Pereira. "Las Elecciones en la Construcción del Imperio Brasileño: Los Limites de una Nueva Práctica de la Cultura Política Lusobrasileña (1820-1823)". In: ANNINO, Antonio (Org.). *Historia de las Elecciones en Iberoamérica, Siglo XIX: De la Formación del Espacio Político Nacional.* Argentina: Fondo de Cultura Económica, 1995, p. 383 – 393.

Rosanvallon, em seu *Le Sacre du Citoyen*[20], disputas viscerais no legislativo daquele país sobre quem participaria das eleições. Da mesma forma, segundo Peter Gay[21], em *Demagogos e Democratas*, esse cenário imperou na Inglaterra, com idas e vindas legislativas que revelavam o receio dos ingleses de ampliar a participação popular no processo político.

Essa dualidade é bem percebida por Kátia Sausen[22], que, em sua tese de doutoramento na UFES, aponta:

> No momento em que as portas do sufrágio eram abertas, subsistia o fundo racionalista da cultura política das luzes. Para o pensamento iluminista, os direitos políticos vinculavam-se à instrução, ao governo e ao poder de "pessoas capazes", elementos que tornavam-se a condição do progresso e da verdadeira liberdade. Desse modo, era do enfrentamento entre as aspirações democráticas e o espírito das Luzes que se buscava construir os direitos políticos e resolver os problemas que advinham da tensão entre o acesso de homens comuns às urnas e a relevância da instrução na definição das escolhas políticas. A tensão entre o número e a razão, para usar os termos empregados por Pierre Rosanvallon e Patrice Gueniffey.

---

[20] ROSANVALLON, Pierre. *Le Sacre du Citoyen: Histoire du Suffrage Universel en France*. Paris: Gallimard, 1992.

[21] GAY, Peter. "Demagogos e Democratas". *In*: _____. *A Experiência Burguesa: Da Rainha Vitória a Freud*. v.3 — *O cultivo do ódio*. São Paulo: Companhia das Letras, 1988-1995, p. 222 – 227.

[22] MOTTA, Kátia Sausen da. *Eleições no Brasil do Oitocentos: Entre a Inclusão e a Exclusão da Patuleia na Cidadela Política (1822-1881)*. Tese. Doutorado em História Social das Relações Políticas — Pós-Graduação *stricto sensu*, Universidade Federal do Espírito Santo. Vitória, 2018.

O tema foi central nas discussões das Cortes Constituintes da Nação Portuguesa em Lisboa, em agosto de 1821, com a participação dos primeiros deputados do Brasil, eleitos por Pernambuco. Almejava-se definir um modelo eleitoral que pudesse revelar a vontade majoritária dos cidadãos vocalizada, ao mesmo tempo, por meio de bons representantes.

Como diria Rachel de Queiroz, em coluna intitulada *Nem tudo é paisagem apenas*, publicada no periódico *O Cruzeiro*, em 26/5/1956, "não há povo amorfo. Não há massa bruta e indiferente. A massa é formada de homens e a natureza de todos os homens é a mesma: dela é a paixão, a gratidão, a cólera, o instinto de luta e o instinto de defesa".

O pensamento dos congressistas parecia seguir o seguinte enredo: o grande número de analfabetos — a pouca ilustração da população — dificultava a compreensão de que o resultado de uma ampla eleição direta representaria a "verdadeira voz da nação". A escolha direta deveria revelar a opção pelos representantes mais dignos, o que exigia que os eleitores conhecessem os elegíveis e fossem capazes de identificar seus talentos, virtudes e espírito constitucional. As dimensões do reino e as grandes áreas rurais sobrelevavam as preocupações. Segundo o Deputado Caldeira, em locais com "trinta mil almas pode ser que não haja um homem capaz".[23]

De mais a mais, a necessidade de preenchimento das listas de votação era vista como um risco de manipulação do processo pelos poucos alfabetizados, visando a sua ascendência.

---

[23] Diário das Cortes Gerais e Extraordinárias da Nação Portuguesa, Sessão de 27 de agosto de 1821, p. 2037.

O sufrágio universal também gerava preocupação pela sua dificuldade de realização prática, diante do grande número de envolvidos. Igualmente, as reuniões populares — principalmente para o debate sobre a vida da sociedade — poderia ser o estopim para manifestações e revoltas, dificultando o controle da multidão.

No mesmo sentido, não havia nenhuma garantia de que o aumento da massa votante resultasse na diminuição do risco de corrupção. A característica do sufrágio permaneceria, mas a ignorância do povo poderia facilitar o seu controle devido à frequente dependência econômica e social.

Com efeito, um paradoxo se formava: o sufrágio universal poderia levar a maioria dos votantes a expressar uma vontade viciada, fruto da ignorância e da subserviência, levando ao poder homens indignos e desprovidos das qualidades políticas necessárias, fazendo ruir o ideário constitucional que se buscava solidificar.

Com vistas a elucidar o dilema, o parlamentar português Guerreiro vaticinou:

> Não pode amar-se o sistema constitucional senão quando nele se acham as grandes vantagens que ele oferece, e uma delas sem dúvida é a que provém das eleições diretas. Não basta só isso, não basta só que o sistema constitucional seja amado, é necessário que haja entusiasmo por esta ordem de coisas, e este entusiasmo não o pode haver senão excitando nos cidadãos a vaidade, e o amor próprio bem entendido; este amor próprio não pode existir senão fazendo que o cidadão tenha influência ativa neste mesmo Governo, e ele não a pode ter senão nomeando os seus representantes; este é o meio forte para que cada um dos

> cidadãos tome interesse imediato nas decisões de uma assembléia, para cuja organização ele concorreu com a eleição de um ou mais membros dela. Este [é] o meio mais poderoso para que cada um dos cidadãos esteja esperando por ver qual a conduta daquele que foi pelo seu voto elevado a representante da nação, para ver se se enganou no juízo que formou dele, e até para ratificar sua opinião sobre a maneira com que se deve haver nas eleições futuras. Se prescindirmos deste meio, qual será o outro que se adotará para despertar o nobre orgulho, este entusiasmo sagrado pela causa da Liberdade?"[24]

Essa foi a compreensão da maioria, admitindo um sentido pedagógico na relação entre a formação de um sentimento cívico da população e o exercício do direito de voto. A eleição direta foi aprovada por 66 votos, tendo 29 parlamentares votado contra. Dos parlamentares de Pernambuco, primeiros deputados brasileiros então presentes no Congresso, seis votaram pelo sufrágio direto e somente um votou em sentido contrário.

Todavia, em abril de 1822, o Congresso aprovou a exigência de alfabetização para a participação no sufrágio, sob o argumento de que a instrução garantia a liberdade no exercício do direito de voto. Sustentava-se que somente a capacidade de ler e escrever era apta a formar uma opinião pública crítica e consentânea com a necessidade de acompanhamento do sistema constitucional e do processo legislativo, permitindo a efetiva participação na tomada de decisões.

---

[24] Diário das Cortes Gerais e Extraordinárias da Nação Portuguesa, Sessão de 29 de agosto de 1821, p. 2080.

Percebida como inovadora, a Constituição Portuguesa de 1822 teve papel revolucionário, sendo uma das mais democráticas da sua época.

Esclareça-se que a Constituição Política da Monarquia Espanhola de 1812, também conhecida como a Constituição de Cádiz, possuía os mesmos princípios, além de que, obviamente, a Constituição Francesa de 1793 teria sido seminal ao prever a eleição direta, devendo-se ressaltar a associação feita entre o voto direto e a ausência de restrição censitária.

Nesse caso, vale asseverar que as disposições da Carta revolucionária francesa não tiveram eficácia plena, revelando-se nominais em alguma medida, ou seja, não saíram do papel. A proposta elaborada pelos jacobinos foi revogada em 1795, com o retorno ao sufrágio de dois graus e o restabelecimento das restrições censitárias. Nada obstante, o movimento pendular próprio da radicalização havida na Revolução Francesa, o retrocesso revela a fragilidade do sufrágio universal àquela época, realidade que permaneceu até a metade do século seguinte.

Com efeito, certos dogmas resistem até mesmo nas situações excepcionais, como aquelas envolvendo rupturas institucionais e movimentos revolucionários. Como apontado, a classe dominante, seja ela qual for, possuía (possui) receio do sufrágio universal, pelas razões demonstradas anteriormente.

Some-se a esse raciocínio o fato de que, embora já fosse considerado um instrumento de representação política, o voto direto não era absolutamente compreendido como um valor atrelado à soberania popular, sendo o próprio conceito de representação distante da massa votante, que, por essa razão, não ambicionava o exercício do direito de forma ampla e irrestrita.

Nesse sentido, é adequada a advertência de António Manuel Hespanha[25] que, em sagaz entrevista, afirma a necessidade de contextualização ao tratarmos da história. O trecho seguinte bem se amolda à discussão ora travada:

> Nós tentamos, é uma das regras da arte, digamos assim, do historiador do direito tentar reconstituir o passado com o que nós temos, por isso as diferenças são muito profundas. Por trás daquelas construções familiares patriarcais, por exemplo, está um estudo sobre a natureza do feminino e do masculino. Sairmos do nosso mundo para tentar captar este mundo que é construído sobre uma geometria mental completamente diferente é extremamente difícil e resta saber se realmente nós conseguimos. Há coisas que são muito profundas, a própria linguagem traz consigo imagens determinadas. É um esforço, não totalmente atingido, para tentar compreender o passado dentro da perspectiva do passado e não na do presente. Por outro lado, temos que nos distanciar do presente tentando nos aproximar do passado, mas também não podemos ficar presos ao passado.

O que se quer dizer com essa observação, na esteira do que defendem Annino e Romanelli[26], é que a exposição

---

[25] NEITSCH, Joana. "A história mostra que há possibilidades de escolha; o futuro não está traçado" — Antonío Manuel Hespanha, professor catedrático da Universidade Nova de Lisboa". *Gazeta do Povo*. 9 set. 2015. Disponível em: https://www.gazetadopovo.com.br/vida-publica/justica-e-direito/entrevistas/a-historia-mostra-que-ha-possibilidades-de-escolha-o-futuro--nao-esta-tracado-3wrq37nd0y50ub97zv9fou7yu/. Acesso em: 16 fev. 2022.

[26] ANNINO, Antonio; ROMANELLI, Raffaele. "Notabili, Elettori, Elezioni: Rappresentanza e Controllo Elettorale nell'800 (introdução)". *Quaderni storici*, nº 69, ano XXIII, fascículo 4, p. 675 – 684, dez. 1988.

descritiva dos avanços e retrocessos democráticos daquela época, necessariamente, deve experimentar diálogo temperado com o que ocorre na contemporaneidade. Há de se contextualizar e buscar entender o significado da participação popular na realidade da sociedade então existente.

Guardadas, pois, as devidas distinções, podem-se analisar os meios e as formas pelos quais a discussão europeia sobre as eleições diretas chegou ao Brasil.

Por exemplo, segundo Vinicius Gagliardo, o periódico *Gazeta Universal*[27] reproduzia as atas das sessões parlamentares das Cortes, tendo alguns textos avulsos também veiculado esse conteúdo[28]. Na Bahia, também houve reprodução de textos lusitanos com a defesa do sufrágio direto e universal[29]. Pode-se afirmar que, em 1822, o tema das eleições diretas era central nas discussões políticas.

O *Correio do Rio de Janeiro*[30] foi o veículo de viés sufragista considerado mais radical, com clara defesa da Constituinte, tendo na figura de seu redator João Soares Lisboa um ácido debatedor sobre os rumos da infante história eleitoral do Brasil. Consta, inclusive, que o próprio Soares Lisboa foi um grande entusiasta das eleições diretas para o futuro cargo de Deputado Constituinte, tendo escrito e publicado na primeira página de uma edição: "nossas rabiscas hão de ser lidas por algumas pessoas ainda não adolescentes no conhecimento dos adjetivos apropriados ao nosso novo sistema

27 GAGLIARDO, Vinicius Cranek. "Imprensa e Civilização no Rio de Janeiro Oitocentista". Tese. Doutorado em Ciências Humanas e Sociais — Faculdade de Ciências Humanas e Sociais, Universidade Estadual Paulista "Júlio de Mesquita Filho", 2016.

28 CORREIO do Rio de Janeiro, Rio de Janeiro, nº 46, p. 1 – 2, 4 jun. 1822.

29 SILVA, Maria Beatriz Nizza da. *Movimento Constitucional e Separatismo no Brasil, 1821-1823.* Lisboa: Livros Horizontes, 1988, p. 115

30 NEVES, Lúcia Maria Bastos Pereira das. *Corcundas e Constitucionais: A Cultura da Independência (1820-1822).* Rio de Janeiro: Revan, 2003.

Constitucional, [o que] nos obriga a definir o que é nomeação direta e indireta".[31]

O *Correio* publicou uma série de matérias, em meado de maio de 1822, esclarecendo as questões complexas das discussões travadas em Portugal — inclusive transcrevendo as falas dos congressistas lusitanos expostas linhas atrás —, mas claramente aportando tintas mais fortes em favor do sufrágio.

A primeira página da edição que circulou em 18 de maio de 1822 trazia a seguinte conclamação:

> Possuídos dos mais nobre entusiasmo e amor da gloria Nacional vamos apresentar ao Público os artigos que se redigirão para serem examinados e assinados pelo Soberano Povo desta Cidade, que em seu nome, de toda a Província, e de o todo o Brasil, se pretendem levar à presença de S. A. R. pelo órgão do Senado da Camara. [...]
>
> Parece-nos que cada um Cidadão se sente como arrebatado e cheio de si mesmo por exercer uma vez bienalmente a fração da Soberania que a natureza lhe concedeu, e ser ele o próprio que, guiado pela sua razão e fantasia, escolha dentre os seus Concidadãos aqueles em quem há de delegar a parte do Poder Soberano que lhe compete; mas como do nosso modo de pensar não depende a escolha, e nem mesmo de 10 ou 20, mas sim da maior parte de nossos Concidadãos, passamos a extratar do Diário das Cortes N. 161 os seguintes discursos a favor de um e de outro método, assim como os nomes dos votantes, para que

[31] CORREIO do Rio de Janeiro, Rio de Janeiro, n. 35, p. 141, 21 mai. 1822.

> nossos Concidadãos possam escolher o que melhor lhes agradar, e na ocasião de assinarem a representação declararem o seu voto, o que é facílimo pondo por baixo ou por cima do nome = Direta = Indireta = o que servirá de regra para S. A. R. poder determinar o que for da vontade do maior número.[32]

O abaixo-assinado, documento que na realidade era uma representação do povo do Rio de Janeiro a ser encaminhada a D. Pedro, contou com a considerável assinatura de 2.982 pessoas — a área urbana possuía menos de 14.500 habitantes —, ou seja, mais de 20% da população. Desses, 2.545 peticionários assinalaram a opção pela eleição direta e somente 11 pela eleição indireta; outros 426 não se manifestaram por um ou outro método.[33] Claramente, a campanha realizada no período teve resultado relevante, sem que se possa ignorar a expressão da vontade popular daquela sociedade em momento de transição e de grande ebulição política.

Como visto, a história eleitoral brasileira pode ter como um marco delimitador o ano de 1822, uma vez que,

---

[32] CORREIO do Rio de Janeiro, Rio de Janeiro, n. 33, p. 133, 18 mai. 1822.

[33] NEVES, Lucia Maria Bastos Pereira. *Corcundas e Constitucionais: A Cultura da Independência (1820-1822).* Rio de Janeiro: Revan, 2003. *Apud:* Renato Leite contabilizou seis mil assinaturas (número de assinantes indicado pelo próprio jornal). Mas o registro do documento, assim como a análise de Lúcia Neves (2003), indica o número de 2.982 assinaturas. O excerto do abaixo-assinado segue assim: "Esta representação foi assinada pelo Povo do Rio de Janeiro perto de 3 mil pessoas". (*Representação do Povo do Rio de Janeiro,* Rio de Janeiro: Impressão Silva e Porto, 1822. p.15). Os números sobre a população do Rio de Janeiro foram retirados da obra de Roderick Barman (*Brazil: The Forging of Nation (1789-1852)*), também trabalhados por Renato Leite (2000, p. 128). MOTTA, Kátia Sausen da. *Eleições no Brasil do Oitocentos: Entre a Inclusão e a Exclusão da Patuleia na Cidadela Política (1822-1881).* Tese. Doutorado em História Social das Relações Políticas — Pós-Graduação *stricto sensu,* Universidade Federal do Espírito Santo. Vitória, 2018.

no período anterior, somente foram realizadas eleições em território nacional para Conselhos ou Câmaras.

As Ordenações Filipinas dispunham acerca das atribuições e composição das Câmaras, que possuíam caráter tanto administrativo quanto judicial.

Nos termos do Livro I, Título 66, das Ordenações: "Aos Vereadores pertence ter carrego de todo o regimento da terra e das obras do Conselho, e de tudo o que puderem saber, e entender, porque a terra e os moradores dela possam bem viver, e nisto hão de trabalhar. E se souberem que se fazem na terra malfeitorias, ou que não é guardada pela Justiça, como deve, requererão aos Juízes, que olhem por isso."

Vereadores — no caso, os membros da Câmara, Cúria ou Assembleia do município — é termo que possui origem no verbo *verear*, contração de *verificar*, revelando a função de fiscalizar a boa política da terra e os bens públicos em geral.

O diploma legislativo ainda continha previsão para a eleição dos vereadores, dos juízes, dos almotacés e de outros oficiais. Conforme o disposto no Livro I, Título 67, os oficiais nomeados no último ano de seu exercício reuniam-se em assembleia com certas pessoas do povo ("homens bons"), com a escolha, em sigilo, do "colégio eleitoral".

A esses eleitores era "logo dado juramento dos Santos Evangelhos, [para] que bem e verdadeiramente escolham para os carregos do Conselho as pessoas, que mais pertencentes lhe parecessem".

O juiz mais idoso daquele grupo de oficiais — que incluía juízes, vereadores, entre outros — escolheria, entre os eleitos pelo "colégio eleitoral", aqueles mais capazes, em número suficiente para o exercício por três anos. No caso dos vereadores, eram escolhidos nove nomes, os quais eram escritos, em grupos de três, em papéis que, por sua vez, eram inseridos no interior de três bolas de cera denominadas "pelouros", uma para cada ano.

Os pelouros eram inseridos em sacos que eram guardados em um cofre de três fechaduras. Cada vereador do ano passado ficava com uma chave. Segundo as Ordenações, "no tempo que houverem de tirar os pelouros, segundo seu foro e costume, mandarão apregoar que venham a Conselho; e perante todos, um moço de idade até 7 anos meterá a mão em cada repartimento, e revolverá bem os pelouros, e tirará um de cada repartimento, e os que saírem nos pelouros, serão oficiais a cada ano, e não outros" (T. 45, § 4º).

A massa de votantes e eletivos no Brasil nessa época, conforme Oliveira Vianna, era restrita, levando-se em conta que somente eram considerados "homens bons" os nobres de linhagem e seus descendentes, os senhores de engenho e a alta burocracia civil e militar, além dos burgueses, pessoas que haviam adquirido posses recentemente com o comércio.[34]

Segundo os historiadores, o desconhecimento das normas portuguesas durante os séculos XVI e XVII gerava o descumprimento das regras eleitorais, o que pode ser constatado no *Regimento para a Eleição dos Vereadores*, de 1611, no qual o Monarca afirma ter conhecimento de desordens e ilicitudes nas eleições, determinando que os oficiais lançassem "pregões que nenhuma pessoa, de qualquer qualidade e condição que seja, suborne na dita eleição, pedindo, nem procurando votos para si, nem para outrem, nem por qualquer outra via inquietem; sendo certo, que se há de tirar disso devassa; e os que forem compreendidos, que subornaram,

---

[34] VIANNA, Oliveira. *Instituições Políticas Brasileiras*, 2º v. Rio de Janeiro: Record, 1974, p. 131.

ou inquietaram a tal eleição, serão presos, e condenados em dois anos de degredo para um dos lugares da África, e além disso, pagarão cinquenta cruzados".[35]

Note-se que a campanha eleitoral era ilícita, não se permitindo a busca de votos por nenhum meio.

Não obstante as circunstâncias relativas ao desconhecimento das normas portuguesas e as características próprias da sociedade errática vigente na Colônia daqueles tempos, o conjunto normativo consolidado nas Ordenações Filipinas somente foi substituído em 1° de outubro de 1828 pelo Regimento das Câmaras Municipais do Império.

Esse diploma, contendo cinco títulos e noventa artigos, trouxe importantes modificações no formato, composição e atribuições dos Conselhos, no processo de eleição e nas normas sobre a figura dos juízes de paz. Cuidava-se de norma regulamentar, posterior e complementar à Constituição de 1824[36], que alterava o formato administrativo das instâncias locais de poder, especializando-as.

As câmaras municipais contariam com nove membros e as das vilas, com sete. A legislatura teria a duração de quatro anos. Seriam realizadas quatro sessões ordinárias a cada trimestre.

Fixou-se como data da eleição o dia 7 de setembro. Estavam habilitados a votar os cidadãos brasileiros no gozo de seus direitos políticos, além dos estrangeiros naturalizados. O art. 92 da Constituição de 1824 excluía da votação nas denominadas *Assembléas Parochiaes* as mulheres, os solteiros menores de 25 anos, os filhos-família ainda na companhia

---

[35] SILVA, José Justino de Andrade e. *Collecção Chronológica da Legislação Portugueza, 1603-1612.* Lisboa, Imprensa de J.J.A. Silva, 1854, p. 315 – 317.

[36] Art. 97. Uma Lei regulamentar marcará o modo prático das Eleições, e o número dos Deputados relativamente à população do Império. Constituição de 1824.

dos pais, "os criados de servir, em cuja classe não entram os Guardalivros, e primeiros caixeiros das casas de commercio, os Criados da Casa Imperial, que não forem de galão branco, e os administradores das fazendas ruraes, e fabricas", os religiosos, as pessoas com baixa renda e os escravos, que não eram considerados cidadãos.

Interessantes são as explicações para a exclusão dos religiosos do sufrágio, por orientação da Coroa. De acordo com os historiadores, a questão passa pelos votos relacionados às profissões monásticas: obediência, pobreza e castidade. Esse conjunto de circunstâncias, que revelavam a abnegação das coisas próprias ao indivíduo, exigia o distanciamento da "vida mundana", das "coisas do século". O compromisso com as coisas espirituais não permitiria a participação na sociedade civil, nem mesmo opinar sobre ela. Não havia vivência temporal, apenas espiritual.

Retomando o ponto específico sobre a organização do pleito, pelo menos quinze dias antes da eleição, o juiz de paz da paróquia ficava encarregado de publicar a lista prévia de todos os votantes.

Todo o procedimento foi regulado pelo Decreto de 26 de março de 1824, as chamadas Instruções, prevendo um sistema de eleições indiretas em dois graus; ou seja, em cada freguesia, haveria uma assembleia paroquial que elegeria os eleitores, que, por sua vez, elegeriam os deputados e senadores.

Antes de cada votação, havia uma cerimônia religiosa (missa solene do Espírito Santo). A apuração era realizada pela mesa, sendo eleitos os que obtivessem a maioria de votos, considerando o número máximo de cada freguesia. A votação era feita por listas que continham o triplo de nomes em relação ao número de cargos de cada freguesia.

Note-se que no Decreto do Príncipe Regente, de 16 de fevereiro de 1822, que convocou o Conselho de Procuradores-Gerais das Províncias do Brasil, houve adoção do *recall* caso os eleitos não cumprissem adequadamente suas obrigações. Esse mecanismo se baseia na teoria de que o povo deve manter controle direto do mandato outorgado ao seu representante ou, conforme expressão popular, de que "o eleitor deve poder despedir os eleitos"[37]. Nas palavras dirigidas ao Imperador quando do pedido de convocação da junta de Procuradores, José Bonifácio sugeria que "pudessem ser revogados os seus poderes e nomeados outros, se não se comportassem conforme as vistas e desejos das mesmas províncias".[38]

Não houve tempo para a aplicação prática do dispositivo, em função de a última sessão do Conselho ter ocorrido menos de um ano depois de sua instituição. O *recall* ressurgiria durante a Primeira República, nas Constituições do Rio Grande do Sul, de Goiás e de Santa Catarina.[39]

O art. 39 da Constituição estadual do Rio Grande do Sul, promulgada em 14/7/1891, obra creditada a Júlio de Castilhos, dispunha que:

> Art. 39. O mandato de representante não será obrigatório; poderá ser renunciado em qualquer tempo, e também cassado pela maioria dos eleitores.

---

[37] MUNRO, William Bennet (edit.). *The Initiative, Referendum and Recall.* London, New York: D. Appleton and Company, 1915.

[38] RODRIGUES, José Honório. *Conciliação e Reforma no Brasil.* Rio de Janeiro: Nova Fronteira, 1982.

[39] Idem.

Basicamente, defendia-se que o eleito fosse novamente exposto ao crivo de seus eleitores. Tratava-se de instrumento que "exigia" uma identificação do eleitor com o representante, não somente no momento do voto, mas ao longo de todo o exercício do mandato, sendo possível sua destituição no caso de descumprimento das balizas que teriam orientado a outorga do mandato. Tipicamente, o *recall* é prática mais próxima ao sistema distrital, sendo possível delimitar o eleitorado votante naquele mandatário, bem como a fiscalização de suas funções.[40]

> O art. 56 da Constituição estadual de Goiás, promulgada em 1/6/1891, trazia texto em termos semelhantes ressaltando a disposição expressa quanto à quebra da confiança:

Art. 56. O mandato legislativo não será obrigatório e o eleitorado poderá cassá-lo, declarando, mediante o processo que a lei estabelecer, o mandato carecedor de sua confiança.

A Reforma Constitucional de 13/7/1898 eliminou a possibilidade de cassação no estado de Goiás.

---

[40] Nada obstante não ter sido encontrada referência específica quanto à cassação de algum mandato com base no "recall", no âmbito do Rio Grande do Sul, Oswaldo Aranha, durante reunião da Subcomissão estabelecida para preparar anteprojeto de nova Constituição, em 1933, ao defender emenda que estabelecia a cassação do mandato do Presidente da República, afirmou que: "O que se quer estabelecer tem precedentes na vida do país, dentro de meu estado, o Rio Grande do Sul, onde a cassação do mandato se tem exercido com grande e real benefício para a comunhão riograndense. A cassação do mandato no Rio Grande do Sul, desde o poder municipal até o dos deputados, se tem exercido sem nenhuma perturbação, antes com o fim que tem, dentro da República, de satisfazer a aspirações contrariadas e que, por isso mesmo que não encontram uma válvula acabam nessas explosões tristes que têm marcado os últimos anos de vida do país".

Das quatro Constituições que vigeram no estado de Santa Catarina durante a Primeira República, a de 1892 e a de 1895 dispunham sobre o *recall*.

Constava do art. 14 da Constituição de 1892:

> Art. 14. O mandato legislativo pode ser renunciado, e a sua revocabilidade se efetuará quando, consultado o eleitorado por um terço dos eleitores, não obtiver o deputado metade e mais um dos votos com que foi eleito.

Já o art. 20 da Constituição de 1895 previa que:

> Art. 20. O mandato não é imperativo e pode ser removido. Os deputados podem renunciá-lo em qualquer tempo.

A Reforma de 1910 suprimiu a expressão "removido", em razão de sua ambiguidade. Aliás, as incertezas com relação aos termos "revocabilidade" e "removido" parecem ter levado à ineficácia do instituto naquele estado, não havendo referência quanto à sua regulamentação e utilização prática.

Retomando o ponto histórico, o fato é que D. Pedro I assumiu a regência do Reino do Brasil em 26 de abril de 1821, tendo abdicado em 1831, rumando para Portugal. Deixou no Brasil quatro filhos, sendo um do sexo masculino, Pedro, então com cinco anos.

A Constituição do Império determinava que, durante a menoridade do Imperador, o Império seria governado por uma Regência composta pelo "parente mais chegado do Imperador, segundo a ordem de sucessão, e que seja maior de vinte e cinco anos de idade" (art. 122). Não havendo parente com tais qualidades, deveria o Império ser governado por uma Regência permanente, nomeada pela Assembleia Geral.

Por proposta do Brigadeiro Lima e Silva, constituiu-se uma regência provisória composta pelos Senadores José Joaquim Carneiro de Campos, Marquês de Caravelas e Nicolau de Campos Vergueiro, além do próprio Brigadeiro.

A Lei de 14 de junho de 1831 dispôs sobre as eleições para uma regência permanente, tendo sido eleitos o Brigadeiro Lima e Silva, os Deputados José da Costa Carvalho (que viria a ser o Marquês de Monte Alegre) e João Bráulio Muniz.

A Lei de 12 de outubro de 1832 e o Ato Adicional, de 1834, estabeleceram que o Império deveria ser governado por um regente eletivo e temporário, com mandato de quatro anos — preceitos inspirados na Constituição da Confederação norte-americana.

Nas eleições de 7 de abril de 1835, foi eleito para a Regência Una Diego Antônio Feijó, que havia sido Ministro da Justiça e era apoiado por um dos principais nomes moderados, o jornalista Evaristo da Veiga. Tendo a apuração terminado somente em 9 de outubro daquele ano, Padre Feijó alcançou 2.826 votos, enquanto Holanda Cavalcanti recebeu 2.251 votos.

O processo de escolha dos candidatos gerou uma divisão entre os moderados, tendo os insatisfeitos com o nome de Feijó articulado uma candidatura alternativa. Liderados por Honório Hermeto, construíram alianças no Norte do país, principalmente com as famílias Cavalcanti e Araújo Lima de Pernambuco. Foi convidado para concorrer o pernambucano Luís Cavalcanti, mas acabou sendo confirmado o nome do seu irmão, Holanda Cavalcanti.

> Ainda perdurava em 1835 a divisão no tabuleiro político entre as facções dos moderados (ou chimangos), restauradores (ou caramurus) e exaltados (ou farroupilhas). Cada uma forjada a partir de visões distintas sobre que modelo de nação o Brasil deveria seguir.[41]

Os moderados defendiam um Estado forte e centralizador, com influência nas províncias do Rio de Janeiro, São Paulo e Minas Gerais. Os restauradores eram antiliberalistas e favoráveis à soberania monárquica. Durante a Regência, defendiam o retorno de D. Pedro I ao trono brasileiro. Os exaltados, por sua vez, sustentavam a soberania popular, clamando pela participação das camadas mais humildes da sociedade. Tinham um discurso contra a opressão econômica, social e ética. Defendiam o federalismo e a descentralização administrativa.[42]

Curiosa, nessa época, era a forma pela qual se veiculava o nome dos candidatos, levando-se em conta que ainda não havia imprensa de circulação nacional. Consta que irregularidades teriam ocorrido a cargo do juiz de paz na freguesia de Vitória, onde membros de um grupo político solicitaram "votos de porta em porta até alta noite e até fazendo tutus a certos votantes".[43] A doutrina aponta que as listinhas, pasquins, folhas avulsas e circulares da metade do século XIX constituíam meios de informação e propaganda eleitoral,

---

41 CAVALCANTI JÚNIOR. Manoel Nunes. "Eleições e Cultura Política no Brasil Império: A Primeira Eleição da Regência Una (Pernambuco, 1835)". *Simpósio Nacional de História*, 29, Brasília, DF. Anais. São Paulo: Associação Nacional de História, 2017. p. [1-10].

42 MOREL, Marco. *O Período das Regências (1831-1840)*. Rio de Janeiro: Jorge Zahar Editor, 2003.

43 CORREIO da Victoria, Vitória, nº 60, 22 jun. 1850.

conforme a publicação de 21 de julho de 1849 do Correio da Victoria:

> No meio do nobre ardimento, que a porfia se manifesta por toda parte a prol da reeleição do Exmo. Sr. Dr. Pedreira, não deve a freguesia de Vianna, que tantos e tão grandes bens recebeu da administração desse Distinto Brasileiro ficar silenciosa, ou indiferente. – E pois que o votante da cidade fez publicar a sua lista de eleitores, que realizem o pensamento da província elegendo para deputado um cidadão, que nos represente com dignidade e desinteresse; e não algum ambicioso, que vá a troco de dinheiro, ou coisa que o valha sacrificar o país; tenho também de rogar a V. S. a publicação das pessoas de minha escolha para eleitores desta freguesia, as quais não deixarão de agradar ao. – Amigo do voto livre.[44]

Como afirmado, o processo eleitoral do século XIX absorveu parte da liturgia católica como inauguração do ato eleitoral, incluindo a celebração da Missa do Espírito Santo, seguida do sermão do pároco, cujo conteúdo político dava conotação ao ato de "preleção eleitoral". Ao final, o resultado da votação era sacramentado com o cântico *Te Deum Laudamus.* A cerimônia na qual se entoava o hino, na igreja matriz, era considerada a diplomação dos eleitores e deputados; uma cerimônia de investidura de poderes, com a chancela da Igreja.[45]

---

[44] CORREIO da Victoria, Vitória, nº 54, 21 jul. 1849.

[45] PIMENTA, Evaristo Caixeta. "As Urnas Sagradas do Império do Brasil: Governo Representativo e Práticas Eleitorais em Minas Gerais (1846-1881)". Dissertação. Mestrado em História — Programa de Pós-Graduação em História, UFMG, Belo Horizonte, 2012, p. 167 – 168.

Todos esses ritos faziam parte do processo eleitoral, e sua falta podia ensejar a nulidade do escrutínio, conforme assinalam as atas eleitorais da época. As eleições se iniciavam aos domingos, com duração variada conforme o número de votantes. Geralmente, as cédulas eram recebidas durante dois dias.

A figura do juiz de paz merece um breve excurso, considerando sua singularidade e sua importância em diversas atividades administrativas, inclusive na administração das eleições.

Não tendo sido criação nacional, a importação do cargo relacionado à Justiça de Paz teve por modelo a Europa, notadamente a Inglaterra e a França.

Na Inglaterra, sua origem remonta ao século XIV, no reinado de Eduardo III, com transformação e ampliação do antigo conservador da paz, em momento de grandes mudanças sociais e políticas. Membros da comunidade, geralmente cavaleiros, eram indicados pelo Rei para o exercício de atividades administrativas, policiais e jurisdicionais. O objetivo era afirmar a autoridade do Estado em todas as localidades, no processo denominado *King's Peace.*[46]

Até o início da era Tudor e o rompimento com Roma, as atribuições do juiz de paz foram sendo ampliadas, passando a atuar na fiscalização das leis trabalhistas, o que permitiu o desenvolvimento comercial após o período da Grande Peste, que dizimou quase metade da população inglesa, fazendo escassa sua mão de obra.

No reinado de Henrique VII, os juízes de paz passaram a fiscalizar e punir os xerifes, ganhando novas funções administrativas durante o reinado de Henrique VIII, como a

---

[46] BURRIL, Alexander M. *A Law Dictionary and Glossary*. v. 2. New York: Baker, Voorhis & Co., 1870.

supervisão das construções de pontes e fortificações. Ganharam, ainda, jurisdição sobre pequenos crimes no século XVI, perdendo o caráter de representante da Coroa no fim do reinado de Elizabeth, inserindo-se nas esferas locais de poder.

A partir do século XVIII, os juízes de paz passaram a estar presentes em todas as comunidades do reino, onde possuíam jurisdição, com amplos poderes e autonomia. Presidiam audiências de acusações criminais, estabeleciam fianças e decretavam prisões cautelares.

Na França, o juiz de paz teve importante papel na reconfiguração da justiça no período pós-revolucionário. Inicialmente, tinha por característica formar uma justiça mais simples e célere, com julgamentos baseados na equidade. A Justiça de Paz naquele país tem como marco a Lei de Organização Judiciária, de 24/8/1790, criada pela Assembleia Nacional. Os juízes de paz eram, portanto, integrantes do Poder Judiciário eleitos pelos cidadãos para um mandato de dez anos. Algumas expressões utilizadas para designar o juiz de paz em França: *juridiction paternelle, juge du fait et non du droit, juge em équité, arbitre, accessibilité sans forme, compétence limitée à l'essentiel.*

Com a promulgação da Lei de 15 de março de 1849, o juiz de paz torna-se o presidente da Assembleia Eleitoral, após a instituição do sufrágio universal na França. Incumbia-lhe a revisão das decisões tomadas pelos prefeitos em matéria de capacidade eleitoral.[47]

No Brasil, afirma-se que o juiz de paz, com previsão no art. 162 da Constituição do Império, recebeu uma série de

---

[47] SOUZA, Alexandre de Oliveira Bazilio. "Das Urnas para as Urnas: O Papel do Juiz de Paz nas Eleições do Fim do Império (1871-1889)." Dissertação. Pós-graduação em História do Centro de Ciências Humanas e Naturais —UFES. Vitória, 2012.

atribuições que eram exercidas pelos juízes ordinários, pelos juízes de vintena e pelos juízes almotacés.[48]

A Reforma do Judiciário, ocorrida com a Lei nº 2.033, de 20 de setembro de 1871, transformou as competências delegadas aos juízes de paz tanto em matéria cível quanto criminal.

No que concerne especificamente às eleições, houve proliferação legislativa no Império, principalmente pelo advento das Instruções de 26 de março de 1824; da Lei de 1º de outubro de 1828; do Decreto nº 157, de 4 de maio de 1842; da Lei de 19 de agosto de 1846; da Lei de 20 de outubro de 1875 (Lei do Terço); e da Lei de 9 de janeiro de 1881 (Lei Saraiva).

Segundo Souza:

> Logo nos primeiros anos de Império, o juiz de paz foi escolhido como o grande administrador das eleições. Seu marco inicial é a Lei de 1828, que regulou sua eleição e de vereadores e segundo a qual caberia ao magistrado eleito confeccionar as listas de votantes: as primeiras formas de inscrição prévia nas eleições no Brasil (FERREIRA, 1876, p. 72). Das decisões de inclusão e exclusão de votantes da lista caberia recurso, cujo provimento poderia ensejar-lhe multa de até 30 mil-réis, caso agisse com dolo. Os recursos eram julgados em definitivo pela assembleia eleitoral, criada quatro anos antes pelas Instruções de 1824: era presidida pelo juiz de fora, ou ordinário, com assistência do pároco. Quando de sua publicação, essas Instruções de 1824 – que mandavam proceder

[48] FLORY, Thomas. *Judge and Jury in Imperial Brazil, 1808-1871.* Austin: University of Texas Press, 1981.

> à eleição dos deputados e senadores da assembleia geral e dos membros dos conselhos gerais das províncias – não comtemplavam nenhum papel ao juiz de paz no processo eleitoral. Contudo, essa situação foi alterada em 1830, quando o juiz de paz assumiu a presidência das assembleias eleitorais, como consequência da gradual extinção dos antigos cargos de juízes da colônia. Bastos (1997, p. 29) reconhece que, a partir de 1828-30, a autoridade do juiz de paz adquiriu importância no processo eleitoral, 'pelo caráter eletivo do seu mandato, pela atribuição de reconciliação nos processos civis e criminais e pela maior presença junto à população devido à pequena jurisdição do distrito a seu encargo'. Nesse período, o magistrado eleito passou a presidir a feitura das listas de votantes para todos os cargos e, no dia das eleições, deveria reunir-se em uma mesa na igreja para recebimento dos votos, com o auxílio do pároco, de dois secretários e dois escrutinadores.[49]

Percebe-se que no período, por meio das sucessivas modificações legislativas, muitas esperanças foram depositadas no juiz de paz no que diz respeito ao seu papel nas eleições, principalmente na sua função de presidente da mesa e da junta de qualificação. Entretanto, a situação gerava igualmente desconfianças, em razão da concentração de poderes. Nesse particular, nas palavras do Visconde de Inhomirim (Francisco de Sales Torres Homem), "as fraudes

---

[49] SOUZA, Alexandre de Oliveira Bazilio. *Das Urnas para as Urnas: O Papel do Juiz de Paz nas Eleições do Fim do Império (1871-1889).* Dissertação. Pós-graduação em História do Centro de Ciências Humanas e Naturais —UFES. Vitória, 2012.

resumiam-se na fórmula muito conhecida: feita a mesa, está feita a eleição".[50]

Nas discussões que culminaram na Lei do Terço, em 1875, optou-se por reduzir a influência do juiz de paz nas eleições, excluindo sua participação do processo de qualificação, não fazendo mais parte da junta e da mesa paroquiais. Continuou com a atribuição de organizar a eleição da junta e da mesa, bem como de entregar o título de qualificação.

O "apelido" da Lei dizia respeito ao sistema eleitoral por ela previsto. Segundo dispunha esse diploma, cada eleitor votaria em tantos deputados correspondentes a dois terços do número total de vagas designadas para a respectiva província.

Com a reforma estabelecida pela Lei do Terço, o juiz de direito passou a atuar na fase recursal do alistamento, na entrega do título eleitoral e no julgamento da validade das eleições de juízes de paz e de vereadores.

A consolidação da magistratura na organização das eleições ocorreu com a aprovação da Lei Saraiva em 1881 (o nome faz referência ao conselheiro que conduziu a aprovação do diploma). O alistamento eleitoral foi integralmente reservado ao Judiciário: o juiz municipal entregaria os títulos eleitorais e o juiz de direito coordenaria a aprovação dos votos para deputados.

Tratava-se de uma grande mudança, conforme se apreende da mensagem enviada pelo Ministro da Justiça de então, Manuel Pinto de Souza Dantas, aos presidentes das províncias: "V. Ex. compreenderá que em nenhuma

---

[50] O Visconde de Inhomirim foi ministro da Fazenda em 1858, tendo sido nomeado senador pelo Rio Grande do Norte em 1870 e conselheiro de estado em 1866. (SOUZA, Francisco Belisário Soares de. *O Sistema Eleitoral no Império: Com Apêndice Contendo a Legislação Eleitoral no Período 1821-1889*. Brasília: Senado Federal, 1979).

circunstância da nossa existência política foi conferido aos juízes e tribunais um encargo mais elevado e mais consoante à isenção, imparcialidade e justiça que devem distingui-los."

Pouco tempo depois, entretanto, o Governo Provisório, ao editar os regulamentos concernentes às eleições para a Assembleia Constituinte, que ocorreriam em setembro de 1890, modificou essa estrutura com o objetivo precípuo de distanciamento do antigo regime.

A lei votada em 1892 conferiu aos vereadores a gestão das eleições, aumentando sobremaneira a influência dos núcleos locais de poder.

Esse panorama durou até 1904, quando a Lei Rosa e Silva reconduziu a magistratura para o controle das eleições. Segundo o Juiz mineiro Tito Fulgêncio Pereira, "a experiência demonstrou que o escândalo dos alistamentos atuais provinha em grande parte da unanimidade das comissões alistadoras, eleitas pelas Câmaras, filiadas todas à situação dominante nos estados".[51]

Para o processo de inscrição, havia três instâncias. A primeira instância contava com juízes estaduais, além dos maiores contribuintes dos municípios; a segunda instância contava com um juiz federal, juntamente com o Procurador-Geral; e a terceira instância ficava a cargo do Supremo Tribunal Federal. O Judiciário também presidia as juntas apuradoras.

Esse é um marco definitivo, tendo a administração judicial das eleições alçado um caminho (de sucesso) sem retorno.

A Lei Bueno de Paiva (nome em homenagem ao senador membro da Comissão), em 1916, conferiu exclusividade

---

[51] PEREIRA, Tito Fulgêncio Alves. *A Carteira do Eleitor.* Belo Horizonte: Beltrão & Comp. Editores, 1905.

aos magistrados no processo de alistamento, na coleta e na apuração dos votos.

Em seguida, o Código Eleitoral de 1932, que criou a Justiça Eleitoral, afirmou o monopólio do Judiciário em relação às eleições, em todas as suas etapas.

> Antes da administração judicial das eleições, o cotidiano do eleitorado era bastante diferente. Inicialmente, como apontado, sequer era confeccionada listagem prévia de inscritos e, quando se a criou, esta prescindia de comparecimento ou mesmo requisição do interessado, já que as autoridades eleitorais faziam o alistamento escorando-se em conhecimento próprio, permitida, não obstante, a reclamação dos que discordassem de suas decisões. Era por isso que tais gestores deviam necessariamente ser membros da comunidade local, ou, ao menos, contar com informações por estes fornecidas. Além da inscrição, também na votação tal configuração era essencial, já que igualmente nessa etapa era preciso realizar a identificação do votante ou de seu representante.[52]

Essa vinculação dos gestores das eleições com a comunidade local explica, em parte, a escolha do juiz de paz como administrador eleitoral durante um período de nossa história, conforme narrado em outro capítulo.

Desde logo, há de se ressaltar que efetivamente o tema das eleições foi bastante valorizado pelas elites do século XIX, sendo objeto de atividade legiferante intensa, com a

---

[52] SOUZA, Alexandre de Oliveira Bazilio. *Das Urnas para as Urnas: O Papel do Juiz de Paz nas Eleições do Fim do Império (1871-1889)*. Op. Cit.

edição de vários atos normativos ao longo dos 67 anos de Império.[53]

A tentativa de controle da vontade do povo coincide com o interesse da elite política. Sendo o voto o principal instrumento de participação popular, o modelo de participação sempre despertou nos detentores do poder muita preocupação e a busca por meio de gestão.

Segundo Oliveira Viana[54], em sua obra *Instituições Políticas Brasileiras* (1949), é possível identificar conotação liberal na organização do sistema político nacional (representativo) a partir da Constituição de 1824, com a extensão do direito ao voto para além dos senhores de engenho e dos latifundiários.

O autor adverte, contudo, que esse tipo de pensamento ideológico era incompatível com as raízes sociais e econômicas advindas da colonização, revelando uma espécie de visão utópica da elite política. As dimensões continentais do país (desafio ainda atual) levaram a uma dispersão da população colonizadora por grandes áreas de terra. Essa circunstância, por si só, dificultou a formação de um sentimento de nação,

---

[53] Decreto de 26 de março de 1824; Lei de 1º de Outubro de 1828; Decreto de 4 de maio de 1842; Lei de 19 de agosto de 1846; Lei dos Círculos (1855); Lei de 18 de agosto de 1860; Lei do Terço (1875) e Lei Saraiva (1881). SOUZA, Francisco Belisário Soares de. O Sistema Eleitoral no Império: Com Apêndice Contendo a Legislação Eleitoral no Período 1821-1889. Brasília: Senado Federal, [1872] 1979; JOBIM, Nelson; PORTO, Costa Walter. Legislação Eleitoral no Brasil: Do Século XVI a Nossos Dias. v. 1. Brasília: Senado Federal, 1996.

[54] VIANA, Oliveira. Instituições Políticas Brasileiras — Fundamentos Sociais do Estado (Direito Público e Cultural). Brasília: Conselho Editorial do Senado Federal, 1999. Disponível em: https://www2.senado.leg.br/bdsf/item/id/1028. Acesso em: 22 fev. 2022. Segundo o autor, a sociedade da época podia ser classificada em "clãs" de três vertentes: familiar, feudal e eleitoral. O clã parental era definido pela solidariedade entre as famílias senhoriais; no clã feudal sobressaíam os laços de dependência e subordinação da população agregada e dependente aos senhores de engenho; por fim, no clã eleitoral vigia a solidariedade com base no prestígio sociais e nos vínculos de dependência da população com os grandes proprietários rurais.

reforçando vínculos familiares e localizados como base da sociedade.

Na visão de Viana, esse contexto impactou na eficácia da organização dos poderes públicos, diminuindo a importância do voto e, consequentemente, da participação popular, uma vez que não havia o interesse pela coletividade, pela solidariedade e pelo associativismo.

Não é difícil relacionar essa linha de entendimento com as estruturas oligárquicas tão presentes na vida política nacional desde então, entendida esta como uma forma de conquista e manutenção do poder, sendo crucial o surgimento, já no século passado, da Justiça Eleitoral com o intento de combater os abusos surgidos na formação da tessitura política, garantindo liberdade de escolha e igualdade entre os concorrentes aos cargos públicos — temas que serão tratados adiante.

Nas faixas da população em que sobressaem a pouca educação e a miséria, a vulnerabilidade à cooptação eleitoral e ao clientelismo é extremada pela simples necessidade de sobrevivência. Cuida-se de ambiente propício às práticas nefastas comuns, confundindo-se as esferas públicas e privadas.

A massa da população era sujeita aos interesses privados de poucos, criando uma relação de dependência e pouca influência nas políticas públicas. O poder econômico possuía íntima vinculação com o poder político e a classe dominante experimentava de grandes privilégios na Monarquia, introduzindo e modulando principalmente os interesses escravistas e econômicos.

O controle sobre o processo eleitoral era necessário, por vezes com uso de técnicas e práticas violentas.

Registrem-se importantes palavras de Nelson Jobim:

> O sistema eleitoral adotado em um país é produto de sua história política. Os sistemas eleitorais não são arquiteturas acadêmicas que podem ser impostas ao mundo político. É a política concreta que os produz. As forças políticas — de modo democrático ou não — traduzem seus acordos ou imposições em textos legais.[55]

Essa é uma constatação inescapável. Talvez com mais expressividade do que qualquer outra área das ciências humanas — principalmente daquelas que se debruçam sobre as relações entre os homens, sua pauta de conduta e o processo de decisão acerca do modo de viver de uma sociedade —, a política é viva, não é formada em laboratório. No vaticínio de José Bonifácio, ao manifestar-se contra a exclusão dos analfabetos do sistema eleitoral, "esta democracia de gramáticos é um erro de sintaxe política".

Com avanços e retrocessos, saltos e sobressaltos, movimentos de vanguarda e outros com viés reacionário, a política revela a essência da própria sociedade em determinado momento de sua história.

A evolução de uma sociedade não é linear, consequentemente também não funciona assim a construção da cidadania no Brasil[56], conforme demonstra a vasta literatura sobre

---

[55] JOBIM, Nelson. "O Brasil, Uma Pincelada no Sistema Eleitoral". *In:* NORONHA, João Otávio; PAE KIM, Richard (coord.) *Sistema Político e Direito Eleitoral Brasileiros. Estudos em homenagem ao Ministro Dias Toffoli.* São Paulo: Atlas, 2016.

[56] "O problema da política brasileira é conhecer um pouco mais o Brasil. Aceitá-lo em sua enorme complexidade. Rever seu passado colonial, onde se encontram as raízes de muitas mazelas atuais." (LEMBO, Cláudio. "Problemas Políticos Brasileiros". *In:* NORONHA, João Otávio; PAE KIM, Richard (coord). *Sistema político e Direito Eleitoral brasileiros. Estudos em Homenagem ao Ministro Dias Toffoli.* São Paulo: Atlas, 2016.

o assunto, desde suas primeiras linhas escritas na obra de Frei Vicente do Salvador.[57]

Retomando a cronologia do processo eleitoral brasileiro, relevante marco pode ser anotado com a Proclamação da República, estabelecendo-se o voto censitário, destinado aos homens livres, alfabetizados ou não, possuidores de renda igual ou superior a 25 quintais, o que equivalia a 1,5 tonelada de mandioca.

Em termos sociais, não houve transformações profundas, não ocorreu uma revolução popular, sendo o movimento mais próximo a um golpe de estado organizado por militares. Nas palavras de Lambert:

> [...] com a proclamação da República tendo caído nas mãos de aventureiros militares, o Brasil atravessou alguns anos de ditadura e perturbações, mas,

[57] "Deu-lhes jurisdição no crime de baraço e pregão, açoites e morte, sendo o criminoso peão e sendo nobre até 10 anos de degredo; e no cível cem mil--réis de alçada, e que assistam às eleições dos juízes, e vereadores eles ou seu ouvidor, que eles fazem, como também fazem escrivãos do público, judicial e notas, escrivão da câmara, escrivão da ouvidoria, juiz, e escrivão dos órfãos, meirinho da vila, alcaide do campo, porque o do cárcere provê o alcaide-mor, e el-rei os ofícios da sua real fazenda, como são os dos provedores, e seus meirinhos, almoxarifes, porteiros da alfândega, e guardas dos navios; e ainda que os donatários são sismeiros das suas terras, e as repartem pelos moradores como querem, todavia movendo-se depois alguma dúvida sobre as datas, não são eles os juízes delas, senão o provedor da fazenda, nem os que as recebem de sesmaria têm obrigação de pagar mais que dízimo a Deus dos frutos que colhem, e este se paga a el-rei por ser Mestre da Ordem de Cristo, e ele dá aos donatários a redízima, que é o dízimo de tudo o que lhe rendem os dízimos: pertencem-lhes também a vintena de todo o pescado que se pesca nos limites dar suas capitanias, e todas as águas com que moem os engenhos de açúcar, pelos quais lhes pagam de cada cem arrobas duas, ou três, ou conforme se concertam os senhores dos engenhos com eles, ou com seus procuradores, as quais pensões não têm a Bahia, Rio de Janeiro, Paraíba e as mais capitanias de el-rei, nas quais se paga o dízimo somente, mas no que toca a jurisdição do cível, e crime lha limitou el-rei depois muito, SALVADOR, Frei Vicente. *História do Brasil.* São Paulo: Melhoramentos, 1954.

> desde 1894, recuperou, sob o regime republicano, um equilíbrio político que conservou até 1930. A estrutura da sociedade não mudou e nem foi introduzida a verdadeira Democracia, mas, na República como no Império, continuou o regime de representação dos Senhores.[58]

O voto não era secreto, o que gerava temor por eventuais represálias aos votantes caso não seguissem as orientações dos poderosos. Os resultados das eleições nessa época são bastante peculiares, tendo alguns presidentes alcançado quase 100% dos votos, o que desperta algumas desconfianças sobre a lisura dos pleitos, inclusive pelo pequeno número de eleitores, em cotejo com a população de então.

Em 1894, Prudente de Morais obteve 84,3% dos votos válidos, tendo votado 2,21% da população. Campos Sales, em 1898, alcançou 90,9% dos votos, participando 2,70% da população, e, em 1902, atingiu 91,7% dos votos, com 3,44% dos votantes. Em 1906, Afonso Pena recebeu 97,9% dos votos, com 1,44% da população votando. Em 1914, Venceslau Brás adquiriu 91,6% dos votos válidos, tendo participado das eleições 2,40% da população. Em 1918, Rodrigues Alves foi um campeão de votos, conquistando 99,1% dos votos válidos, tendo votado 1,48% da população. Para completar, em 1926, Washington Luís logrou 98% dos votos, tendo votado 2,27% da população.[59]

Uma das poucas exceções ficou por conta da eleição de 1910. De fato, a historiadora Vera Lúcia Bogêa Borges traçou

---

[58] LAMBERT, Jacques. *Os Dois Brasis.* São Paulo: Companhia Editora Nacional, 1971.

[59] Dados extraídos de PINSKY, Jaime; PINSKY, Carla Bassanezi. (org.). *História da Cidadania.* 2ª ed. São Paulo: Contexto, 2003.

importante cenário desse período, com análise muito interessante sobre as práticas políticas e a cobertura da imprensa na época. Essa foi a primeira eleição presidencial a realmente polarizar os debates e a contagiar o pais, surgindo a campanha civilista de Ruy Barbosa.[60]

Com efeito, na realidade o novo regime pouco significou em termos de ampliação da participação popular, como pode ser visto pelo percentual de votantes nas eleições do início da República, em sua maioria funcionários públicos. A substituição da oligarquia açucareira pela do café manteve o poder nas classes dominantes, somente havendo uma substituição de personagens, fator também explicado pelos índices de votação alcançados pelos presidentes eleitos.

No editorial da Revista *Careta* com o título *A ficção da Soberania Popular*, de 1915, não obstante seu viés satírico, trazia constatação que ressaltava a realidade da época: "o exercício da soberania popular é uma fantasia, e ninguém a toma a sério. O Congresso, assim formado, não merece a confiança do povo que por isso se desinteressa por sua escolha e composição".[61]

Para a manutenção do controle sobre as eleições, operou-se movimento, por meio de alterações legislativas, proibindo a participação de cidadãos que tivessem empresas privilegiadas, que recebessem subvenções de qualquer sorte do Estado. Dessa forma, os empresários, classe economicamente em ascensão, ficariam alijados da busca pelo poder político.

---

[60] BOGÉA BORGES, Vera Lúcia. *A Batalha Eleitoral de 1910*. Rio de Janeiro: Apicuri. 2011.

[61] CARVALHO, José Murilo de. *Os Bestializados: O Rio de Janeiro e a República que Não Foi*. 3ª ed. São Paulo: Companhia das Letras, 1987.

A República não demonstrou apreço pelos partidos políticos nem os incentivou, tendo permanecido durante anos a hegemonia do Partido Republicano com a chamada "política dos governadores", mais especificamente com a vertente "política do café com leite", orientando o jogo pelo poder por meio de um revezamento entre Minas Gerais e São Paulo, o que foi interrompido somente em 1930 com o lançamento da candidatura de Júlio Prestes, substituindo Washington Luís, ambos paulistas.

Segundo consta, essa quebra no revezamento gerou um descontentamento entre os mineiros que formaram, juntamente com os políticos da Paraíba e do Rio Grande do Sul, a Aliança Liberal, lançando Getúlio Vargas como candidato à Presidência da República.

A campanha eleitoral travada trouxe um apelo populista relevante, tendo a Aliança Liberal proposto a anistia, o loteamento de terras, aumento para o funcionalismo, obras contra a seca e medidas de proteção à economia, além de ter levantado bandeiras pelos costumes e moralidade com o objetivo de alcançar as massas e modificar o panorama eleitoral da República.

Nas eleições de 1º de março de 1930, concorreram Getúlio Vargas e Júlio Prestes, tendo o candidato da situação sido eleito com 1.100.000 votos, contra 737.000 votos dados a Getúlio.

Seguiu-se um movimento armado para a tomada do poder, contando com a liderança militar do General Góes Monteiro e política do candidato derrotado Getúlio Vargas. A Revolução rompeu em 3 de outubro de 1930, em Porto Alegre, alcançando o poder em poucos dias. Em 29 de outubro, Washington Luís entregava a presidência a uma junta militar composta pelos Generais Tasso Fragoso e

Mena Barreto. Em 3 de novembro, a junta transfere o poder "temporariamente" ao líder do Movimento Revolucionário, Getúlio Vargas.

O Congresso Nacional e as Assembleias Estaduais foram dissolvidas, sendo nomeados interventores para os Estados. A promessa de uma nova Constituição, que regulamentaria novas eleições, não foi cumprida, gerando a Revolução Constitucionalista de 1932, em São Paulo.

Após debelar o movimento, Getúlio convocou eleições para a Assembleia Constituinte, realizada em 3 de maio de 1933. Vigia, então, o Decreto nº 21.076, de 24 de fevereiro de 1932.

O Código Eleitoral de 1932 trouxe como inovações o voto feminino facultativo; a instituição do sistema representativo proporcional; e a regulação, em todo o território nacional, de eleições federais, estaduais e municipais.

Houve nova interrupção da ordem democrática, dessa vez em 1937, com a Constituição do Estado Novo.

Extinguiu-se a Justiça Eleitoral, sendo conferida à União, privativamente, o poder de legislar sobre matéria eleitoral. Desconsiderava-se a figura do Congresso, sendo inexistente o sistema representativo. Com isso, temos, nessa época, um hiato de quase quinze anos sem o exercício do sufrágio, sem a participação popular nos processos decisórios.

Esse panorama somente foi alterado após o final da Segunda Guerra, em razão da difusão de ondas democráticas ao redor do mundo. Em 28 de fevereiro de 1945, Getúlio promoveu uma reforma constitucional, prevendo o alistamento eleitoral e a realização de eleições livres para a presidência, para os governos estaduais e para o legislativo.

Entre 1945 e 1962, o país conviveu com eleições diretas para todos os cargos.

A Lei Eleitoral de 1945 regulamentou novamente o sistema político, restabelecendo a Justiça Eleitoral e o voto obrigatório, secreto e universal para todos os cidadãos alfabetizados, maiores de 18 anos.

Determinou-se o sistema majoritário para os cargos de presidente, governador, senador e prefeito; e o sistema proporcional para a Câmara dos Deputados, Assembleias estaduais e Câmaras municipais.

A nova Lei estabeleceu as condições para a criação e o funcionamento dos partidos políticos, uma cláusula de barreira — pelo menos um representante no Congresso Nacional ou cinquenta mil votos —, além da proibição no sentido de que os estatutos partidários não poderiam ofender os princípios democráticos da Constituição e os direitos fundamentais do homem. Essa última exigência impediu o registro de dezesseis partidos, inclusive levou à extinção do Partido Comunista Brasileiro, em 1947.

As eleições de 2 de dezembro de 1945 apresentaram muitos fatos inesperados. O candidato do PSD, General Eurico Gaspar Dutra, apoiado por Getúlio, foi o vencedor, por uma pequena margem de 1.200 votos sobre o Brigadeiro Eduardo Gomes, da UDN, que era tido como herói nacional por sua participação nos movimentos revolucionários. Surpreendentes foram os 600.000 votos atribuídos ao candidato do PCB, Yedo Fiúza.

Nessa época, cerca de 70% da população ainda vivia no campo, havendo grande influência dos coronéis sobre o eleitorado. Dutra venceu as eleições em toda a zona rural, saindo perdedor nas grandes cidades. Tomou posse em 31 de janeiro de 1946, conduzindo o país com um governo conservador, sem grandes mudanças estruturais. O mandato foi encerrado em 31 de janeiro de 1951, com a transmissão da faixa presidencial ao então eleito Getúlio Vargas.

A Lei nº 1.164, de 24 de julho de 1950, instituiu o Código Eleitoral e regulou a Justiça Eleitoral e os partidos políticos.

Nas eleições para o legislativo, instituiu-se o voto proporcional, com a votação em uma cédula só contendo a legenda partidária e qualquer um dos nomes da lista registrada pelos partidos.

Se da cédula não constasse a legenda, o voto era computado para o partido do primeiro candidato escolhido. Se da cédula constasse a legenda e o nome de candidato de outro partido, o voto seria computado somente para o partido.

O quociente eleitoral era determinado conforme o número de votos válidos dividido pelos cargos a preencher em cada circunscrição eleitoral, desprezando-se a fração. Eram eleitos tantos candidatos registrados por cada partido quanto indicasse o quociente eleitoral.

Suponhamos que em uma circunscrição tenham sido apurados 45.000 votos válidos e há 6 cadeiras a preencher. O quociente eleitoral é portanto de 7.500 votos. Suponhamos também que concorreram à eleição quatro partidos A, B, C e D, cujas legendas obtiveram respectivamente 19.000, 12.700, 6.800 e 6.300 votos. Desta forma, aplicando o quociente eleitoral e partidário, este último resultante da divisão do número de votos obtidos por um partido pelo Q.E., temos que o partido A obteve 2 cadeiras, o partido B uma cadeira e os partidos C e D não elegeram nenhum deputado, posto que não alcançaram o quociente eleitoral. Ficam ainda 3 cadeiras a preencher, que, segundo as regras do sistema de representação proporcional vigente, só poderão ser disputadas pelos partidos A e B, na medida em que são privados de concorrer no 2º turno os partidos que não obtiveram o Q.E.[62]

Voltando ao tema das eleições de 1951, Getúlio conseguiu formar uma ampla coalizão, inclusive com seu adversário Ademar de Barros, sendo reconhecido como o nome possível para derrotar a UDN, que lançou novamente o Brigadeiro Eduardo Gomes. Getúlio foi eleito presidente em 3 de outubro de 1950.

Iniciava-se um período extremamente conturbado, com profunda crise político-institucional, formando-se uma frente de forte oposição ao governo, comandada por Carlos Lacerda, além de empresários ligados a multinacionais.

Em 4 de agosto de 1954, ocorreu um atentado contra Carlos Lacerda em que morreu seu segurança, Major Rubens Vaz, recaindo as suspeitas sobre o chefe da guarda particular de Getúlio. Os militares fizeram enorme pressão para a renúncia do presidente, que acabou cometendo suicídio na manhã de 24 de agosto de 1954. Consta de sua Carta Testamento:

> [...] E aos que pensam que me derrotaram respondo com a minha vitória. Era escravo do povo e hoje me liberto para a vida eterna. Mas esse povo de quem fui escravo não mais será escravo de ninguém. Meu sacrifício ficará para sempre em sua alma e meu sangue será o preço do seu resgate. Lutei contra a espoliação do Brasil. Lutei contra a espoliação do povo. Tenho lutado de peito aberto. O ódio, as infâmias, a calúnia não abateram meu ânimo. Eu vos dei a minha vida. Agora vos ofereço a minha morte. Nada receio.

[62] KINZO, Maria D'Ávila Gil. *Representação Política e Sistema Eleitoral no Brasil.* São Paulo: Símbolo, 1980.

> Serenamente dou o primeiro passo no caminho da eternidade e saio da vida para entrar na História. (Rio de Janeiro, 23/8/54 — Getúlio Vargas).[63]

O vice João Café Filho assumiu a presidência, levando a UDN ao poder. As eleições de 3 de outubro de 1955 aconteceram em clima de instabilidade. A UDN obrou inicialmente para que as eleições não acontecessem e, depois, para que fosse lançado um candidato único. Entretanto, Juscelino Kubitschek de Oliveira já havia surgido como candidato natural, representando o PSD mineiro e trazendo João Goulart como candidato à vice-presidência.

A UDN acabou lançando Juarez Távora; o PSP, Ademar de Barros; e o PRP, Plínio Salgado.

Juscelino acabou eleito com 36% dos votos, o que correspondia a 3.077.411 votos. Juarez Távora obteve 30% dos votos; Ademar de Barros, 26%; e Plínio Salgado, 8%.

Como afirmamos, o cargo de vice-presidente recebia votação avulsa, independentemente do voto para o cabeça de chapa. João Goulart, que havia sido Ministro do Trabalho de Getúlio Vargas, recebeu mais votos que Juscelino, alcançando 3.413.651 votos.

Ao final do mandato de Juscelino, os partidos se articularam para as eleições de 3 de outubro de 1960. O Marechal Henrique Teixeira Lott foi apresentado como candidato da esquerda, juntamente com as forças nacionalistas do Exército. Ademar de Barros concorreu como candidato independente, com o apoio do PSP. Jânio de Oliveira Quadros recebeu apoio de uma grande coalizão de oposição ao

---

[63] Carta Testamento de Getúlio Vargas. Disponível em: https://www2.camara.leg.br/atividade-legislativa/plenario/discursos/escrevendohistoria/getulio-vargas/carta-testamento-de-getulio-vargas. Acesso em: 23 mar. 2022.

governo, contando com a UDN, o PTN, o PDC, a Frente Democrática Gaúcha (UDN, PSD e PL), o Partido Socialista e algumas dissidências do PR, do PTB e do PSD.

Jânio Quadros foi o primeiro candidato de oposição eleito no Brasil. Considerado populista, teve rápida ascensão política, indo de suplente a vereador em 1945, passando pela Assembleia Legislativa de São Paulo, prefeito da capital em 1953, governador do estado e presidente da República aos 44 anos. Foi o primeiro presidente a ocupar o Palácio da Alvorada, em Brasília.

Contou com a simpatia dos militares e de grandes grupos empresariais, entre eles o Matarazzo e o Votorantim, além das associações comerciais de São Paulo, tendo sido eleito com 5.636.823 votos, correspondentes a 48% do total. Marechal Lott alcançou 32% dos votos; e Ademar de Barros, 20%.

As eleições de 1960 marcaram um aumento significativo de participação do eleitorado, com um comparecimento às urnas na ordem de 80% dos eleitores. Setenta e oito por cento dos votos obtidos por Jânio foram provenientes dos estados da Guanabara, São Paulo, Minas Gerais e Rio Grande do Sul.

João Goulart foi novamente eleito vice-presidente, alcançando 4.547.010 votos, ficando à frente de Milton Campos e de Fernando Ferrari. Ele enfrentava forte resistência por grande parte das Forças Armadas e das classes mais conservadoras, que o consideravam um risco à segurança e à soberania nacional.

Com a renúncia de Jânio Quadros, em 25 de agosto de 1961, o país passou por uma profunda crise institucional. A carta de renúncia foi entregue às 10h, ficando o cargo vago até às 17h, quando o deputado Ranieri Mazzilli tomou posse na Presidência, considerando que o vice, João Goulart, se encontrava em visita oficial à China.

Nelson Werneck Sodré relata que "os ministros militares ameaçaram prender o vice-presidente caso ele regressasse, concedendo-lhe este direito somente se o mesmo renunciasse ou se o Congresso votasse seu impedimento; se o Congresso se furtasse a isso, seria fechado".[64]

Diante de grande apelo popular, buscou-se inicialmente uma solução transitória de consenso. O Ato Adicional, constante da Emenda Constitucional nº 4, de 2 de setembro de 1961, instituiu o sistema parlamentar de governo, dispondo que o presidente da República seria eleito pelo Congresso Nacional, por maioria absoluta de votos, exercendo o cargo por cinco anos. Nas Disposições Transitórias constou que o vice-presidente da República, eleito em 3 de outubro de 1960, exerceria o cargo de presidente até 31 de janeiro de 1966. João Goulart assumiu a presidência em 7 de setembro de 1961.

A emenda constitucional foi submetida a referendo popular em 6 de janeiro de 1963, nos termos da Lei Complementar nº 2, de 16 de setembro de 1962. O presidencialismo saiu vencedor, tendo 76,97% votado não à emenda constitucional. João Goulart, então, exerceu o mandato até 2 de abril de 1964, quando foi deposto pelo Golpe Militar.

João Goulart rumou de Brasília para Porto Alegre, tentando reverter o movimento. Entretanto, no dia 31 de março de 1964, em sessão extraordinária do Congresso Nacional, o presidente do Senado, Auro de Moura Andrade, declara vago o cargo de presidente da República, dando posse ao presidente da Câmara, Ranieri Mazzilli, como chefe do

---

[64] SODRÉ, Nelson Werneck. *Vida e Morte da Ditadura.* Petrópolis: Vozes, 1984.

Governo. É importante anotar que, nesse momento, João Goulart ainda estava em território nacional, somente indo para o exílio, no Uruguai, em 4 de abril.

Findava-se o ciclo civil dos governos brasileiros, que vinha desde 1894, com a posse de Prudente de Morais, gerando um hiato democrático que somente terminou após o Movimento pelas Diretas, na década de 1980.

Nesse ambiente, a Lei nº 4.737, de 15 de julho de 1965, instituiu o Código Eleitoral, que, com muitas alterações, está em vigor até os dias atuais.

O desenvolvimento de um sistema político-partidário que vinha acontecendo no Brasil foi interrompido com o regime militar, havendo uma regressão na legislação eleitoral, que deixou de ser estável. A cada eleição, muitas regras eram implementadas, de forma a permitir um maior controle sobre o resultado das eleições.

A maior ofensiva em relação ao sistema representativo ocorreu com o Ato Institucional nº 2, de 27 de outubro de 1965, que, em seu art. 18, previa a extinção de todos os partidos políticos, estabelecendo o bipartidarismo. Os dois únicos partidos autorizados passaram a ser a ARENA e o MDB.

Antes de tratarmos das eleições na contemporaneidade e retomando o curso desta evolução, apresentaremos dois itens que merecem destaque nesta narrativa: a participação política da mulher e a identificação partidária no Brasil.

3. A Participação Política da Mulher

Para Aristóteles, a política é a ciência que tem por objetivo a felicidade humana e divide-se em ética e política propriamente dita. A ética se preocupa com a felicidade individual do homem na cidade-Estado ou pólis. A política propriamente dita se ocupa da felicidade coletiva.

A mulher sempre foi a grande responsável pela felicidade individual da humanidade, da família e dos indivíduos. Podemos assentar que, nessa concepção ética de que trata Aristóteles, a humanidade caminhou bem.

Por outro lado, o crucial papel da mulher na construção da felicidade coletiva sempre encontrou obstáculos de toda ordem.

Como ilustração, reza a lenda que, conforme a narrativa de Marco Terêncio Varrão, citado por Agostinho de Hipona, as mulheres da Ática tinham direito ao voto na época do Rei Cécrope I.

Ao ser fundada uma cidade por Cécrope I, nela teriam brotado uma oliveira e uma fonte de água. O rei perguntou ao Oráculo de Delfos qual o significado desse acontecimento. O Oráculo teria respondido que a oliveira significava Atena; a fonte de água, Poseidon; e que os cidadãos deveriam escolher entre os dois qual seria o nome da cidade. Convocados a votar, todos os cidadãos, homens e mulheres, manifestaram-se. Os homens votaram em Poseidon e as mulheres em Atena, tendo a escolha feminina vencido por apenas um voto de diferença. Poseidon ficou irritado e atacou a cidade com as ondas. Para apaziguar o deus (que Agostinho chama de demônio), as mulheres de Atenas aceitaram três castigos: que elas perderiam o direito ao voto, que nenhum filho teria o nome da mãe e que ninguém as chamaria de atenienses.

Ao cuidarmos da participação das mulheres na política, no sentido estrito do vocábulo, não podemos pensar somente no direito de sufrágio, na capacidade de votar e ser votada — o que é extremamente importante —, mas devemos ocupar-nos da participação feminina em todas as áreas de atuação que interferem na vida das pessoas, na comunidade, na busca pelo bem comum.

Segundo Maurice Duverger[65] — jurista, sociólogo e cientista político francês —, são cinco as formas de participação política: 1) participação eleitoral; 2) participação em assembleias e nos governos; 3) participação na administração pública (Executivo e Judiciário); 4) participação em associações civis; 5) participação na imprensa e em veículos formadores de opinião.

Podemos dizer que as três primeiras são formas de participação na política formal, enquanto as duas últimas são maneiras indiretas ou informais de participação — todas extremamente relevantes.

---

65 DUVERGER, Maurice. *Os Partidos Políticos.* Rio de Janeiro: Zahar, 1970.

É fácil perceber que, nos modelos de participação que demandam análise da capacitação técnica, ao menos na atual realidade nacional, a participação feminina é consentânea com o número de mulheres na própria sociedade. Havendo igualdade de oportunidades, as mulheres sobressaem. Por outro lado, quando há necessidade de intermediação subjetiva, a dificuldade é maior.

Não se pode ignorar que o sistema político atualmente em vigor favorece as decisões das direções das greis. Dessa forma, a composição dos quadros partidários, principalmente a escolha daqueles que terão a chance de concorrer por determinada legenda, esse processo não escapa do crivo dos dirigentes das agremiações. É exatamente nesse ponto que reside um dos gargalos para a participação feminina na política.

Se a realidade hoje demonstra que a participação feminina na chamada política informal é adequada, com presença muito relevante em atividades associativas, organizações não governamentais, assim como na imprensa, em relação à participação política formal, ainda há um caminho a trilhar.

Existem condicionantes históricos que explicitam o tamanho do desafio. Desde a democracia ateniense, passando pela Declaração da Independência Americana e pela Declaração da Revolução Francesa, pedras fundamentais da democracia liberal e republicana, todas elas excluíram as mulheres e sua cidadania.

No primeiro quarto do século passado, ainda se verificou forte exclusão feminina dos direitos ao voto e à candidatura — restritos a pequenos círculos de cidadãos. Lentamente, ao longo daquele século, os direitos foram sendo reconhecidos até chegarmos ao estado atual, com amplo direito de sufrágio reconhecido nas principais democracias modernas.

Historicamente, quanto à participação política formal, alguns marcos são de interesse para uma ampla abordagem.

A primeira eleitora do Brasil foi Celina Guimarães Vianna, professora, tendo votado em 5/4/1028, na cidade de Mossoró (RN), antes de qualquer previsão legal.

Sabe-se que a permissão para que as mulheres pudessem exercer seus direitos como eleitoras demorou a ocorrer em território nacional, o que aconteceu somente no ano de 1932, por intermédio de um decreto do então presidente Getúlio Vargas. Logo após, em 1934, o exercício passou a ser um dever.

Também no Rio Grande do Norte, Luíza Alzira Soriano Teixeira foi a primeira prefeita eleita no Brasil e em toda a América Latina, na cidade de Lajes, em 1928. Nesse mesmo ano, ainda em terras potiguares, Joana Cacilda Bessa foi a primeira vereadora eleita.

Em 1934, temos a primeira deputada federal eleita no país, ainda no governo Vargas. Carlota Pereira de Queirós se elegeu representando São Paulo e foi pioneira na defesa das pautas femininas no Congresso Nacional.

A primeira senadora foi Eunice Mafalda Berger Michiles, eleita suplente, tendo assumido a vaga aberta com o falecimento do senador João Bosco, em 1979. Já havia sido eleita deputada estadual, tomando posse na Assembleia Legislativa amazonense. Antes de Eunice, somente a princesa Isabel havia ocupado um lugar no Senado Federal, cujo direito era previsto no art. 46 da Constituição. A primeira senadora negra foi Laélia Contreiras Agra de Alcântara, eleita pelo Acre, em 1981.

Desde o Império, dos quase 1.600 senadores até agora, 330 foram mulheres.

Iolanda Ferreira Lima foi a primeira governadora do Brasil, eleita pelo Acre em 1986.

No Judiciário, Ellen Gracie Northfleet foi a primeira-ministra do Supremo Tribunal Federal, tendo ingressado na Corte no ano de 2000 e presidido a casa em 2006.

Renata Gil de Alcantara Videira foi a primeira mulher a presidir a Associação dos Magistrados Brasileiros — AMB, maior e mais importante entidade representativa da magistratura nacional.

No Executivo, Esther de Figueiredo Ferraz ocupou o Ministério da Educação entre 1982 e 1985, tendo sido a primeira-ministra de Estado.

Dilma Rousseff foi a primeira mulher eleita Presidente do Brasil, em 2010, tendo sido reeleita em 2014, mas não concluiu seu mandato, pois sofreu *impeachment* em 2016.

No âmbito do Tribunal Superior Eleitoral, foram muitas as ações afirmativas nos últimos tempos. Entre as campanhas de engajamento, a mais recente é intitulada *Mais mulheres na política: a gente pode, o Brasil precisa*, que tem a finalidade de inspirar mulheres a ocupar cargos políticos e mostrar que o aumento de lideranças femininas é bom para toda a sociedade. Outra iniciativa importante foi a criação do *site* #ParticipaMulher, em homenagem às mulheres que fizeram e ainda fazem história na vida política e na Justiça Eleitoral. O ajuste das Resoluções da Corte, movimento que vem desde as Resoluções para as eleições de 2018, permanece para o pleito seguinte. Por fim, também é fácil constatar que o Tribunal vem solidificando uma jurisprudência de garantia dessas ações afirmativas com muitas decisões que exigem rigor no cumprimento das cotas de participação feminina, combatendo as fraudes nesse particular.

4. A Identificação Partidária no Brasil

Para a exposição seguinte, quanto ao comportamento do eleitor, em termos de identificação partidária e do consequente voto no partido, utilizaremos alguns dados do Barômetro das Américas (*America's Barometer*).[66]

Cuida-se de um estudo realizado periodicamente em 34 países do hemisfério ocidental, com análise da situação de cada nação. Esse trabalho é desenvolvido pelo *Latin American Public Opinion Project (LAPOP)*, da Vanderbilt University.

Pelas limitações do presente texto, não se buscará descortinar exaustivamente a complexa trajetória política latino-americana, mas simplesmente mostrar um panorama contemporâneo e comparativo entre os países.

Não se discute que as democracias na América Latina podem ser consideradas um projeto ainda em formação, levando-se em conta sucessivos períodos autoritários, além

---

[66] VANDERBILT University. "About the Americas Barometer | LAPOP". Disponível em: https://www.vanderbilt.edu/lapop/about-americasbarometer.php. Acesso em: 23 fev. 2022.

de sobreposição de interesses globalizados e hegemônicos de natureza econômica, fatores que desnaturam o conceito de "eleições livres, periódicas e competitivas"[67], com proteção das liberdades e autonomia do governo.

Pode-se afirmar que, até o início do século XX, nenhum país latino-americano ajustava-se plenamente aos predicados democráticos. Os primeiros modelos democráticos surgiram na Argentina, em 1916, seguida do Uruguai, Costa Rica e Chile. Ademais, ao longo do século passado, somente Costa Rica, Venezuela e República Dominicana permaneceram durante décadas como democracias, recebendo os demais países as consequências do autoritarismo, principalmente nos anos 1960 e 1970.

Esse cenário já permite traçar um paralelo com a situação brasileira no período de transição entre o Império e a República, obviamente respeitados os devidos contextos.

Conforme Ruiz:

> as origens dos partidos latino-americanos foram condicionadas por três dinâmicas: elitismo, personalismo e clientelismo. Essas dinâmicas determinaram a natureza, a evolução e as funções que cumprem os partidos políticos desde sua criação até o momento atual.[68]

A complexidade e a heterogeneidade das sociedades latino-americanas revelam-se e traduzem a formação e a evolução dos partidos e dos sistemas partidários da região. Logo,

---

[67] BOBBIO, Norberto. *Liberalismo e Democracia*. 6ª ed. São Paulo: Brasiliense, 1994.

[68] RUIZ, Letícia. "Comportamento Eleitoral e Oferta Partidária na América Latina". *In*: TELLES, H; MORENO, Alejandro. *Comportamento Eleitoral e Comunicação Política na América Latina*. Belo Horizonte: Editora UFMG, 2013.

uma eventual identificação da sua primordial função de servir de elo entre o povo e o Estado deve receber o necessário filtro da sociedade na qual está inserida a discussão.

Com efeito, existem partidos que conseguem manter suas bases sociais enraizadas, gerando um sentimento de identificação em seus filiados. Por outro lado, não se pode ignorar o dinamismo das relações sociais e a liquefação dos interesses da sociedade atualmente. São fatores que acabam por desconstruir rótulos programáticos, com a consequente volatilidade ideológica, migração de simpatizantes e de integrantes dos partidos políticos.

Na primeira situação, por exemplo, conforme estudo elaborado por Gimenes, os países que apresentam um quadro de estabilidade são Chile e Honduras, podendo ser apontados também nessa situação — embora com migração entre as agremiações — Paraguai, Nicarágua e República Dominicana. No outro vértice, poderíamos situar Colômbia, Guatemala e Panamá.[69]

O mesmo autor aponta que, também na América Latina, os países que possuem maior grau de identificação partidária recentemente são Costa Rica, Uruguai, Nicarágua, El Salvador, Equador e Honduras, excluindo as circunstâncias excepcionais da Venezuela e do Panamá.

O Brasil possui quadro de identificação partidária abaixo da média da região, equiparando-se ao Peru e à Argentina, demonstrando um grau superior somente em relação ao Chile e à Guatemala.

---

[69] GIMENES, Éder Rodrigo. *Eleitores e Partidos Políticos na América Latina.* 1ª ed. Curitiba: Editora Appris, 2017.

Os estudos sobre o comportamento eleitoral[70] partem de modelos distintos de observação, por vezes utilizando critérios sociológicos, com base nas classes sociais, e, por outras, usando modelos psicológicos, com base na escolha racional. Apesar de complementares[71], o critério da escolha racional aponta uma tendência mais consentânea com a contemporaneidade, com o imediatismo das relações e com a volatilidade da economia, com os efeitos das campanhas e das eleições sobre os índices de emprego, inflação e renda.

Igualmente, não se pode desconsiderar nessa problemática a figura da reeleição e a potencial desigualdade existente diante do candidato no exercício de mandato, contando com as diretrizes das políticas econômica e social, além de uma superexposição. Paradoxalmente, a mesma situação pode significar desvantagem na corrida eleitoral, o que sói ocorrer nos períodos de crise econômica, e um sentimento difuso de punição ao partido mandatário.

---

[70] RATTO, Maria Celeste; MONTERO, José Ramón. "O Comportamento Eleitoral dos Argentinos: Algumas Chaves das Eleições Presidenciais de 2007". *In*: TELLES, H; MORENO, Alejandro. *Comportamento Eleitoral e Comunicação Política na América Latina*. Belo Horizonte: Editora UFMG, 2014.

[71] "[...] incidencia del voto por proximidad en las elecciones presidenciales más recientes de Costa Rica, El Salvador y Honduras. Países que están experimentando una reconfiguración en los últimos años, pero comparten algunos rasgos del sistema de partidos, en cuanto a su tradicional estabilidad, volatilidad limitada y fragmentación, así como su baja fluidez y presencia de *outsiders*, lo cual podría facilitar el voto por proximidad, tal y como ha esbozado la literatura. Así, el grado de polarización ideológica relativamente alto en El Salvador, y limitado en Costa Rica y Honduras, parece experimentar variaciones. De igual modo, el papel de la ideología en la atracción de electores próximos se muestra significativo en El Salvador y reducido en los partidos tradicionales de Costa Rica y Honduras. Asimismo, la presencia de candidatos externos a la vida partidista y exitosos en las elecciones analizadas ha modificado sustancialmente los patrones de voto, tal y como hemos visto en Costa Rica y Honduras." (ZEPEDA, Juan Antonio Rodríguez; OTERO FELIPE, Patricia. *Proximidad Ideológica en las Elecciones Presidenciales de Costa Rica, El Salvador y Honduras*. Ediciones Universidad de Salamanca. América Latina Hoy, 77, 2017).

Como se pode facilmente perceber, não existe fórmula mágica para o estabelecimento de parâmetros rígidos para a identificação partidária, nem mesmo, como se apontará adiante, para que essa identificação tenha reflexos diretos e imediatos na escolha eleitoral, principalmente em razão de uma tendência de personificação da figura do mandatário.

Pode-se afirmar que a identificação partidária é um início de raciocínio para a formação do convencimento do eleitor, demonstrando suas preferências e suas tendências. Entretanto, diante da complexidade da sociedade atual, da liquefação ideológica, dos vícios de representatividade e da corrente infidelidade programática, o processo de tomada de decisão sobre o voto ruma por caminhos tortuosos.[72]

Nesse teorema, um polo atrativo é a figura pessoal do candidato, no fenômeno que se compreende como personificação ou personalismo eleitoral.

O fortalecimento institucional dos partidos políticos gera maior estabilidade na política e no sistema de representatividade, favorecendo a disseminação do conhecimento

---

[72] O uso da filiação político-partidária apresenta tanto vantagens quanto desvantagens. A multiplicidade de partidos no Brasil permite identificar uma ampla gama de escolhas ideológicas entre os eleitores. Entretanto, algumas das fragilidades da estrutura partidária não nos permitem esboçar conclusões de longo alcance sobre esse indicador. Primeiro, o sistema eleitoral é altamente personalista e os eleitores identificam-se mais com candidatos do que com partidos. Segundo, exceto para a esquerda, os partidos não são altamente ideológicos. Os candidatos transferem suas lealdades para partidos contrários sem sacrificar muito de sua agenda política. Terceiro, partidos são notavelmente indisciplinados. Consequentemente, votar em um membro de um partido não necessariamente significa um voto nas políticas defendidas pelo partido. Apesar desses problemas, entretanto, uma olhada nas taxas preditas de comparecimento por partido (Tabela 7) é um indicador útil de representação política no cenário voluntário. (ELKINS, Zachary. "Quem iria votar? Conhecendo as consequências do voto obrigatório no Brasil". *Opinião Pública*. Campinas, v. 6, nº 1, p. 109 – 136, 2000. Disponível em: https://bibliotecadigital.tse.jus.br/xmlui/handle/bdtse/3508. Acesso em: 25 fev. 2022.

sobre as regras democráticas, ampliando a participação consciente do eleitorado e dificultando o surgimento dos chamados *outsiders* — pessoas inexperientes —, diminuindo as possibilidades de rupturas ou mudanças bruscas. Noutro vértice, mecanismos de barreiras podem engessar as estruturas partidárias e impedir a renovação na política.

No caso brasileiro, Elkins afirma que o personalismo é fruto das características do próprio sistema eleitoral:

> Primeiro, o sistema eleitoral é altamente personalista e os eleitores identificam-se mais com candidatos do que com partidos. Segundo, exceto para a esquerda, os partidos não são altamente ideológicos. Os candidatos transferem suas lealdades para partidos contrários sem sacrificar muito de sua agenda política. Terceiro, partidos são notavelmente indisciplinados. Consequentemente, votar em um membro de um partido não necessariamente significa um voto nas políticas defendidas pelo partido.[73]

Uma ressalva se faz necessária: até aqui ainda não se levou em consideração a obrigatoriedade do voto.[74] Debater sobre comportamento eleitoral numa condição voluntária modifica inteiramente o contexto de identificação partidária e personificação eleitoral.

---

[73] Idem.

[74] A variável dependente à qual me atenho – comparecimento em um cenário voluntário hipotético — não pode ser medida diretamente. Galen Irwin, estudando o contexto holandês em que o voto obrigatório fora abolido em 1970, foi capaz de comparar traços dos eleitores antes e depois daquele ano. No Brasil, contudo, o voto obrigatório existe continuamente desde 1934 e qualquer descrição de um eleitor voluntário deve ser puramente hipotética. Como um indicador, uso a questão: "Se o voto não fosse obrigatório, você votaria?" Admito que essa medida é problemática. ELKINS, Zachary (op.cit).

No Brasil, estima-se que 5% dos brasileiros pagam impostos, enquanto mais de 80% votam. Esse paradoxo pode ser explicado em grande medida pela obrigatoriedade do voto. O voto compulsório no Brasil existe desde 1934. Discutir quais seriam as consequências para o sistema representativo, no caso da instituição do voto facultativo, exige considerações variadas, inclusive no que diz respeito ao grau de escolaridade da população. O nível de instrução de determinada sociedade notadamente leva o indivíduo a ter maior interesse político, senso cívico e vontade de engajar-se politicamente nos processos de tomada de decisão. Esse fator dificulta sobremaneira a comparação da participação popular no Brasil com outros países nos quais o voto é voluntário.

Como já apontado, a pouca representatividade dos segmentos majoritários na sociedade também é um fator de grande relevância para as estimativas de pequena participação em um ambiente de voto facultativo. As minorias — que paradoxalmente representam a maior parte da população — não se sentem representadas. Deve-se considerar, ainda, a volatilidade ideológica dos atuais partidos políticos.

Há quem sustente, por outro lado, que o voto obrigatório pode encorajar pessoas de segmentos marginalizados a propor ideias e definir o comportamento dos representantes, influenciando nos desígnios do poder.

Sendo assim, em um país de imensas desigualdades e com uma transição democrática ainda em evolução, a obrigatoriedade do voto pode ser um catalizador para a melhoria de vida da sociedade como um todo.

5. As Eleições na Era Contemporânea

Depois de 29 anos de ruptura democrática, de 1960 a 1989, após a Constituição da República de 1988, o Brasil novamente realizou eleições diretas para a presidência.

Antes desse momento, alguns episódios significaram uma abertura gradual do regime: fim do AI-5; fim da censura prévia; restabelecimento do *habeas corpus* para crimes políticos; reforma e atenuação da Lei de Segurança Nacional; permissão da volta de exilados políticos.

Vale considerar que, em alguns regimes autoritários, ocorrem eleições como processo de escolha dos governantes. Não foi diferente no Brasil em relação a alguns cargos.

Porém, a vitalidade da democracia foi retomada com a Constituição Cidadã de 1988.

Grande inovação na Constituição, entre muitas outras, foi conferir aos partidos políticos a natureza de pessoa jurídica de direito privado, com ampla autonomia para sua autorregulamentação e autogestão. Permitiu-se, igualmente, a livre criação, fusão e cancelamento dos partidos. Esse tema viria a ser regulamentado posteriormente pela Lei nº 9.096, de 19 de setembro de 1995.

A Lei da Eleições (Lei nº 9.504, de 30 de setembro de 1997) fixou uma série de regras para os pleitos eleitorais, como a data das eleições, os cargos que estarão em disputa, os critérios para o reconhecimento do candidato eleito em eleições majoritárias, período para as convenções partidárias de escolha de candidatos, prazos de registro de candidaturas, prestação de contas, pesquisas eleitorais, propaganda eleitoral e fiscalização das eleições. Com esse diploma legislativo, alcançou-se estabilidade no regramento das sucessivas eleições, que recebiam modificações a cada pleito.

Como fruto da transição democrática, a Constituição de 1988 previu um plebiscito para a definição da forma e do sistema de governo. A população foi consultada, em 21 de abril de 1993, para decidir entre república e monarquia e entre presidencialismo e parlamentarismo.

A população que foi às urnas decidiu pela república como forma de governo e pelo presidencialismo como regime de governo no Brasil.

Desde 1989, o país vem convivendo com eleições sucessivas, livres e democráticas para a Presidência da República, tendo sido eleitos nesse período cinco presidentes. O Brasil passou por dois processos de *impeachment*, tendo assumido a presidência os vices eleitos. Ambos os processos foram completados sem rupturas democráticas e sem o uso da força.

6. O Sistema Eleitoral

Segundo a doutrina, sistema eleitoral pode ser compreendido como o conjunto de regras que regulam as eleições, ou seja, a forma pela qual os votos são transformados em mandatos.[75]

Geralmente, os sistemas representativos são divididos em majoritário e proporcional, tendo aquele surgido inicialmente. Os primeiros sistemas de representação proporcional noticiados foram os instituídos na Bélgica, em 1899, e na Suécia, em 1908.

Seguindo a discussão anterior sobre o papel dos partidos políticos na contemporaneidade, existem debates latentes no Brasil acerca das chamadas candidaturas independentes. Cuida-se de modelo concebido para ampliar as formas de representação, sobrelevando a democracia.

No ordenamento jurídico nacional, trata-se de requisito constitucional de elegibilidade:

---

[75] TAVARES, José Antônio Giusti. *Sistemas Eleitorais nas Democracias Contemporâneas: Teoria, Instituições, Estratégia.* Rio de Janeiro: Relume-Dumará, 1994.

> Art. 14. A soberania popular será exercida pelo sufrágio universal e pelo voto direto e secreto, com valor igual para todos, e, nos termos da lei, mediante:
>
> I - plebiscito;
>
> II - referendo;
>
> III - iniciativa popular.
>
> [...]
>
> § 3° São condições de elegibilidade, na forma da lei:
>
> [...]
>
> V - a filiação partidária [...]

Registre-se que o Brasil é o único país democrático na América Latina que possui essa condição de elegibilidade com *status* constitucional.

A questão da viabilidade de candidaturas avulsas no Brasil foi levada à apreciação do Supremo Tribunal Federal e pendia de apreciação durante a edição desta obra, em processo com repercussão geral reconhecida (ARE n° 1.054.490), que conta com parecer da Procuradoria-Geral da República pela constitucionalidade.

A ação, cujo relator é o Ministro Luís Roberto Barroso, discute as decisões proferidas pela Justiça Eleitoral nos autos do pedido de registro de candidatura autônoma à prefeitura do Rio de Janeiro, sob o fundamento de que a filiação partidária constituiria condição inafastável de elegibilidade. Encerradas as eleições, o Supremo Tribunal Federal decidiu pela perda do objeto da ação que pleiteava a concessão de tutela provisória, mas reconheceu a repercussão geral em razão do "processo de objetivação do controle difuso da constitucionalidade" da questão posta à apreciação.

Em sua manifestação, a Procuradoria Geral da República sustenta:

> O art. 23, inc. 1, *b*, e o inc. 2, do Pacto de São José veda a restrição da capacidade eleitoral passiva por motivos diversos dos ali estabelecidos, entre os quais não se inclui a filiação partidária, de sorte que o art. 14, § 3°, da CR foi por ele privado de eficácia: licitude das candidaturas avulsas no direito brasileiro. Parecer pelo não conhecimento do recurso extraordinário ou, caso superada a preliminar, por seu provimento (2018). Observa-se, pois, que a Procuradoria Geral da República se manifestou no sentido da eficácia restrita do art. 14, § 3°, da Constituição Federal, invalidando o requisito da filiação partidária como condição de elegibilidade.

Para aqueles que advogam contrariamente às candidaturas avulsas ou independentes, a Constituição Federal, ao apontar, em seu art. 1°, como um dos fundamentos do Estado Democrático de Direito, o pluralismo político, teria firmado a representação política como recurso próprio no processo de formação da vontade política. A Carta Magna assentaria, portanto, formalmente, a democracia representativa partidária no País.

Sustenta-se que o modelo constitucional da democracia de base representativa tem por esteio o monopólio da representação conferida aos partidos políticos, sendo condição de elegibilidade a própria filiação partidária.

Também a Lei n° 9.504/1997, ao estabelecer as regras para as eleições no Brasil, após a reforma eleitoral operada pela Lei nº 13.488/2017, passou a dispor expressamente a respeito da impossibilidade de candidaturas avulsas:

> Art. 11. [...]
>
> § 14. É vedado o registro de candidatura avulsa, ainda que o requerente tenha filiação partidária.

Não obstante a legislação pátria, que expressamente impede o registro de candidaturas avulsas, nas eleições de 2018, diversas solicitações de registro de candidaturas dessa natureza chegaram à Justiça Eleitoral, às quais o Tribunal Superior Eleitoral (TSE) negou seguimento pela inexistência de vínculo dos candidatos com partidos políticos.[76]

Em estudo publicado pela Agência Senado[77], com base em levantamento realizado pela Rede de Informações Eleitorais — integrada por Estados Unidos, Canadá e México e pelo Programa das Nações Unidas para o Desenvolvimento (PNUD) —, entre 217 países no mundo, apenas 21 proíbem as candidaturas independentes.

---

[76] Observe-se o julgado no Agravo Regimental em Petição nº 060061420, relator o Ministro Tarcisio Vieira de Carvalho Neto: ELEIÇÕES 2018. PETIÇÃO. CARGOS DE PRESIDENTE E VICE. CANDIDATURA AVULSA. IMPOSSIBILIDADE. AUSÊNCIA DE PREVISÃO LEGAL. NEGATIVA DE SEGUIMENTO. CERTIDÃO DE TRÂNSITO EM JULGADO. ARQUIVAMENTO. 3. Há tempos está sedimentado neste Tribunal Superior o entendimento segundo o qual, no sistema eleitoral brasileiro vigente, não existe a previsão de candidatura avulsa, de modo que somente os filiados que tiverem sido escolhidos em convenção partidária podem concorrer a cargos eletivos. 4. "O Congresso Nacional, por meio da Lei nº 13.488/2017, reafirmou o princípio de vinculação das candidaturas aos partidos políticos, ao acrescentar o § 14 ao art. 11 da Lei nº 9.504/1997, asseverando que 'é vedado o registro de candidatura avulsa, ainda que o requerente tenha filiação partidária'". (Rec–Rep nº 0600511– 13/DF, Rel. Min. Carlos Horbach, DJe de 20.8.2018).

[77] GUEDES, Sylvio. "Maioria dos países já adota o sistema." *Agência Senado – Jornal do Senado.* Disponível em: www.senado.gov.br/noticias/agencia/quadros/qd_053.html. Acesso em: 26 fev. 2022.

As candidaturas avulsas são permitidas, por exemplo, no Chile, Colômbia, Índia, Alemanha, Japão, Itália, Reino Unido, Portugal e França. Já entre aqueles que proíbem a candidatura avulsa, além do Brasil, estão África do Sul, Argentina e Suécia. Em 37,79% dos países pesquisados, é possível candidatar-se sem filiação partidária ao cargo de Presidente da República (EUA, França, Chile e Índia).

Por outro lado, basta analisar as propostas de reforma política hoje em discussão no Congresso Nacional para verificar que o tema não é pacífico, sendo a maioria dos projetos tendentes ao fortalecimento dos partidos políticos, a dificultar a migração entre as siglas partidárias, aos modelos de financiamento público e às listas fechadas de candidatos.

Desse contexto é possível extrair que o atual entendimento da classe política reconhece a presença do fenômeno partidário em todas as instituições político-governamentais, sendo constantemente enunciada a expressão "presidencialismo de coalizão". Nessa ótica, o princípio da separação de poderes e o próprio sistema eleitoral estariam a exigir a vinculação do exercício de mandatos aos partidos políticos para legitimar o sistema de representação.

Sem embargo, muito se fala na chamada crise de representatividade nacional, intimamente relacionada à multicitada crise político-partidária, defendendo-se que a liberação das candidaturas independentes, além de revelar o esvaziamento programático das atuais agremiações, serviria para a evolução da própria democracia, quebrando monopólios e interesses restritos a determinados grupos hegemônicos.

Bom lembrar que a discussão não se resume à necessidade de filiação partidária, razão das listas nas eleições legislativas. Na Argentina, a candidatura avulsa é proibida, sendo as listas fechadas. No Panamá, há autorização normativa para candidatura avulsa e o tipo de lista é fechada. No Brasil, proíbe-se candidatura independente e o tipo de lista é aberta. No Peru, há permissão para candidaturas avulsas e o tipo de lista é aberta. O México permite candidatura independente, com listas fechadas.

O complexo tema ainda está em aberto, aguardando manifestação da Suprema Corte.

Noutro sentido, já tratado alhures neste trabalho, o eleitor brasileiro pode ser estudado e entendido como personalista, com pouco engajamento democrático. Sua escolha não passa necessariamente pela racionalidade, mas principalmente pelo carisma do candidato, com imagem moldada pelos meios de comunicação e pelo *marketing* político.

> As circunstâncias políticas, sociais, econômicas e administrativas fornecem subsídios para que o estrategista identifique a imagem que o candidato deve apresentar para o eleitorado. É necessário que o estrategista de um competidor identifique previamente os qualificativos que os eleitores desejam de um futuro prefeito, presidente da República ou governador, do mesmo modo aqueles que os eleitores atribuem aos competidores. Esses qualificativos fazem parte, ou melhor, dão vida à imagem do competidor.[78]

Deve-se inserir nessa discussão a mudança de paradigma na comunicação e no acesso à informação, tema que será aprofundado em seguida. Como já afirmado, as relações sociais estão extremamente dinâmicas e imediatistas,

---

[78] OLIVEIRA, Adriano; ROMÃO, Maurício Costa; GADELHA, Carlos. *Eleições e Pesquisas Eleitorais: Desvendando a Caixa-Preta*. Curitiba: Juruá, 2012,

gerando consequências no processo de tomada de decisão para a escolha de um candidato.

> O eleitor não vinculado a lideranças e partidos age de forma autônoma, estabelecendo identificações pontuais e fugazes, principalmente com candidatos, tendo em vista os seus atributos simbólicos. Capta na mídia as imagens que necessita, para através de um juízo de gosto, escolher os candidatos considerados autênticos detentores das características simbólicas valorizadas.[79]

Nesse contexto, por sua própria essência advinda de múltipla origem, compreende-se o eleitor brasileiro como um ser emotivo. Mesmo que imbuído de critérios racionais, o papel das emoções é relevante para a [falta de] explicação do processo decisório do eleitor. Basta comparar uma peça de *marketing* empresarial com uma campanha eleitoral. Enquanto naquela a mensagem é direta, o marketing político é extremamente complexo, buscando atingir uma miríade de "corações e mentes" não apenas de consumidores, mas de indivíduos voláteis inseridos na intrincada tessitura social.

> A compreensão do papel das emoções na dinâmica eleitoral deve partir da premissa de que os eleitores têm expectativa quanto ao comportamento dos candidatos. Os eleitores esperam alguma coisa deles.

---

[79] RADMANN, Elis Rejane Heinemann. O eleitor brasileiro: uma análise do comportamento eleitoral. 2001. 286 f. Dissertação. Programa de Pós-Graduação em Ciência Política — Universidade Federal do Rio Grande do Sul, Porto Alegre, 2001.

> Diante de uma disputa eleitoral marcada por acusações de corrupção entre os candidatos, o eleitor poderá escolher o competidor que não esteja envolvido nas denúncias ou optar por aquele em quem ele acredita. Neste sentido, o eleitor tem a expectativa de que o candidato seja honesto, ou crê em sua honestidade. Porém, caso ocorram fatos que contrariem a expectativa e a crença do eleitor, ele se frustrará.[80]

Esse conceito de eleitor como um "ser social" parece explicar a influência do emocional em suas escolhas, descambando o descortino desse processo para outras áreas do conhecimento humano. Para Lavareda, por exemplo, é possível utilizar ensinamentos da neurociência para o estabelecimento de técnicas de *marketing* político. Segundo o autor:

> Por que os candidatos sorriem nas fotos e apertam a mão dos eleitores? Porque, ao sorrir, estão mobilizando os neuro-espelhos do eleitor. E, ao apertarem a mão, fazem liberar oxitocina que ativa o hormônio da confiança.[81]

Aprofundando o debate sobre a cooptação de corações e mentes nas campanhas eleitorais, necessária a incursão sobre a chamada Revolução Tecnológica, ou Revolução 4.0, e suas consequências sobre o sistema político — temas que serão tratados no próximo capítulo.

---

80 OLIVEIRA, Adriano; ROMÃO, Maurício Costa; GADELHA, Carlos. *Eleições e Pesquisas Eleitorais: Desvendando a Caixa-Preta*. Curitiba: Juruá, 2012.

81 LAVAREDA, Antonio. *Emoções Ocultas e Estratégias Eleitorais*. Rio de Janeiro: Objetiva, 2009.

7. Eleições e Revolução Tecnológica

A existência de espaços públicos criados com o propósito de dar voz aos integrantes de determinada sociedade pode ser verificada em momento anterior à Grécia antiga.

Heródoto, ao descrever um debate entre persas, reconhece que os inimigos dos gregos já utilizavam o modelo da participação popular nas tomadas de decisão.

O primeiro governo democrático de que se tem notícia teria ocorrido na cidade-Estado de Atenas, onde a vida política se dava por meio dos discursos e debates nas Assembleias Populares. As decisões que eram geradas tornavam-se leis do estado. O cidadão ateniense tinha o dever cívico de participar das questões coletivas da *pólis,* e esse modelo teria durado até ser subjugado pelo poderio militar de novos governos.

Um dos grandes pensadores dessa época, Aristóteles assentou que as principais formas de governo seriam a realeza, a tirania, a aristocracia, a oligarquia, a politeia e a democracia. Concluiu que, independentemente da forma de governo, a vontade da maioria prevaleceria. No caso da democracia participativa ateniense, a vontade da maioria era alcançada pelos argumentos expostos nas Assembleias, não necessariamente verdadeiros.

Nos estados modernos, a ideia de democracia representativa parte da constatação empírica da impossibilidade de participação direta de todos no governo. Nesse ponto, o poder do discurso e dos argumentos não servia mais à aprovação das decisões da comunidade em relação às questões relevantes para o bem comum, mas como meio de se alcançar a figura da representação.

A forma de propagação dos discursos foi sendo modificada ao longo dos tempos, em decorrência da necessidade de maior alcance e otimização do poder de convencimento, fomentando-se a busca por dados daqueles que se pretendia atingir, a fim de aprimorar o discurso e sua eficiência.

A chamada democracia digital tem origem com o surgimento de novas tecnologias[82], ainda em meados do século passado, sendo incrementada com as transmissões televisivas, com espaços para debates e exposição de propostas aos cidadãos. A interatividade com os destinatários da informação, aqueles que levariam o representante até o poder, tem

---

[82] "A internet surgiu em setembro de 1969 com a Arpanet, uma rede de computadores da Advanced Reserach Projetcs Agency (ARPA), que fazia parte do Departamento de Defesa dos Estados Unidos. Porém, foi o cientista britânico Tim Berners-Lee quem construiu, em dezembro de 1990, a world wide web, isto é, um programa composto do Protocolo de Transferência de Hipertexto (HTTP), a Linguagem de Marcação de Hipertextos (HTML) e de navegador (browser) para disponibilizar documentos na internet, lançado pelo European Organization for Nuclear Research (CERN), em agosto de 1991". (CASTELLS, 2003, p.13 – 14). *Apud* CARVALHO, Priscila R. "Conexão Informacional Entre Campanhas Eleitorais: Análise de Estratégias e Postagens no Facebook". Dissertação. Programa de Pós-Graduação em Ciência da Informação — Escola de Comunicação, Instituto Brasileiro de Informação em Ciência e Tecnologia — Universidade Federal do Rio de Janeiro, Rio de Janeiro, 2020.

início em meados da década de 1990 com a disseminação do acesso à internet e a criação de ágoras virtuais, como fóruns de debate, *blogs* e páginas pessoais dos postulantes aos cargos públicos.

Para Hannah Arendt, "a veracidade nunca esteve entre as virtudes políticas, e mentiras sempre foram encaradas como instrumentos justificáveis nesses assuntos". Se a utilização da desinformação e de argumentos falsos, como método de convencimento, não são novidades na política, o grande desafio da modernidade é a velocidade de propagação e o alcance da informação.

O debate e a persuasão, para fins democraticamente legítimos, devem admitir o contraponto eficaz e tempestivo, sendo mesmo um ideal socrático que a descoberta da verdade é um processo no qual o debate deve ser isento e sem influências externas.

Como se sabe, "pós-verdade" foi considerada a palavra do ano para o Dicionário Oxford em 2016. Na definição da prestigiada publicação, cuida-se de um adjetivo "relativo a ou que denota circunstâncias nas quais fatos objetivos são menos influentes na formação da opinião pública do que apelos a emoções e a crenças pessoais".

As discussões são frequentes, revelando-se como os principais episódios mais recentes a campanha do *Brexit* e as eleições americanas em que Trump sagrou-se vencedor.

> Na corrida eleitoral americana à presidência do país em 2016, o candidato do partido Republicano Donald Trump conseguiu formatar uma estratégia de campanha eleitoral composta por: coleta e análise indiscriminada de gigantescos volumes de dados (*big data*), categorização psicológica e comportamental de

> dados, propaganda direcionada a microssegmentos (*microtargeting*), estratégia militar de desinformação e uso massivo de redes sociais, para vencer a eleição desbancando as previsões de grandes empresas de pesquisa. A candidata do partido Democrata Hillary Clinton também adotou o uso de estratégias com base em algoritmos e *big data* na sua campanha em 2016 e utilizou um programa de computador complexo intitulado de Ada2 para análise de grandes quantidades de dados a fim de guiar a maior parte da tomada de decisão de sua campanha, como, por exemplo, onde e quanto investir na propaganda política etc.[83]

Atualmente, o principal meio utilizado na política — das chamadas mensagerias privadas — possui fluxo quase instantâneo apenas em uma direção, impedindo que os argumentos e as notícias sejam verificados e contrapostos em tempo hábil e de maneira efetiva.

Um dado relevante nessa equação pode ser encontrado em Santo Tomás de Aquino, para quem "a verdade é a adequação do pensamento à coisa real", e em Alejandro Jodorowsky, segundo o qual, "entre o que eu penso, o que quero dizer, o que digo e o que você ouve, o que você quer ouvir e o que você acha que entendeu, há um abismo". O receptor da informação, por vezes, está mais preocupado com o reforço das suas predisposições conceituais do que com a fidedignidade da informação recebida. Em um ambiente com posições políticas relativamente bem definidas, esse desinteresse na checagem dos fatos sobressai.

---

83 CARVALHO, Priscila R. "Conexão Informacional entre Campanhas Eleitorais: Análise de Estratégias e Postagens no Facebook". Op. Cit.

Na verdade, impera atualmente um novo regime de mediação da informação. Os algoritmos[84] realizam uma filtragem e um direcionamento das manifestações veiculadas pelas plataformas de tecnologias e redes sociais. Conforme Bezerra, esse é um "novo regime de informação que interfere diretamente no tipo de informação à qual cada indivíduo terá acesso na internet, criando limites e obstáculos para a emancipação e a liberdade".[85]

Esse é o panorama atual, em que o Congresso Nacional discute o tema com propostas de profundas alterações no modelo atual, principalmente em relação às empresas de tecnologia e a suas eventuais responsabilidades pelos conteúdos publicados.[86]

O Marco Civil da Internet foi estabelecido em um período político distinto, sem a grande polarização que lhe foi superveniente, a qual influencia a substância do debate público por meio das redes sociais.

O desafio que se mostra é grande e pode ser identificado em duas grandes linhas: a) em um ambiente de total

---

84 "Em geral, o termo algoritmo é definido como 'um conjunto de etapas para executar uma tarefa'. Isto é, ele é um passo a passo para alcançar um resultado 'x' desejado. Cormen (2014) explica que 'se uma pessoa pega um ônibus ou metrô para ir trabalhar, terá um algoritmo para isso' (CORMEN, 2014, p.1). Na Ciência da Computação, o termo é considerado um conjunto de regras ou uma sequência de tarefas necessárias para conseguir um determinado resultado. Assim, o algoritmo descreve qualquer conjunto de instruções matemáticas para manipular dados, dentro de um limite de tempo, fornecendo de forma confiável um resultado desejado (FINN, 2017, p.17)". *Apud* CARVALHO, Priscila R. "Conexão Informacional entre Campanhas Eleitorais: Análise de Estratégias e postagens no Facebook". Op. Cit.

85 BEZERRA, Arthur C. "Contribuição da Teoria Crítica aos Estudos sobre Regime de Informação e Competência Crítica em Informação". *XIX Encontro Nacional de Pesquisa em Ciência da Informação (XIX ENANCIB).* Brasil, ago. 2018. Disponível em: <http://enancib.marilia.unesp.br/index.php/XIX_ENANCIB/xixenancib/paper/view/1354>. Data de acesso: 26 fev. 2022.

86 Dentre outros, o PL nº 2.630/2020, a chamada "Lei das *Fake News*".

ausência de regulação do Estado, o campo para o abuso do poder político e econômico e para o envolvimento de organizações criminosas é amplo; b) por outro lado, uma regulação muito restritiva e com responsabilização facilitada às empresas pode levar a uma atuação por vezes precipitada na remoção de conteúdos que pode obstaculizar o debate de ideias e influir na igualdade entre os atores políticos.

Com mais de 3,5 bilhões de usuários no mundo, a internet tornou-se o principal veículo de comunicação e expressão, com viés globalizado.

> De fato, ainda vista por muitos como uma "terra sem lei", a internet ostenta um enorme potencial democrático, informativo, construtivo e criativo – mas também, com igual vigor, uma capacidade ímpar de disseminar, com rapidez e alcance impressionantes, conteúdos lesivos à dignidade de pessoas concretas ao redor do mundo.[87]

Nessa seara, as discussões sobre a responsabilidade dos provedores de aplicações na rede, o controle de conteúdo, com possível remoção de publicações, e a desindexação de resultados, inclusive no contexto do direito ao esquecimento, são temas ainda em aberto, tanto na sociedade como no ordenamento jurídico.

Esse panorama exige uma preocupação constante com a garantia da liberdade de expressão. Por outro lado, sabe-se que nenhum direito é absoluto, ainda que fundamental,

---

[87] SOUZA, Eduardo Nunes de. "Qual Liberdade Tutelar na Era da Opinião Irresponsável? — Apresentação *à* Obra Responsabilidade Civil na Rede: Danos e Liberdade *à* Luz do Marco Civil da Internet, de QUEIROZ, João Quinelato de. Rio de janeiro: Processo, 2019". *Revista Brasileira de Direito Civil – RBDCivil.* Belo Horizonte, v. 22, p. 271 – 283, out./dez. 2019.

encontrando limitações na própria Constituição Federal. Garantir direitos e coibir abusos em tempo hábil é o desafio que se apresenta.

Conforme a doutrina:

> No Marco Civil da Internet (Lei nº 12.965/2014), resta claro que o legislador colocou a liberdade de expressão em posição preferencial, tendo em vista a quantidade de menções e a qualidade das referências à liberdade. Isso não significa dizer que se trata de um direito absoluto, mas sim que ele deve ceder, como regra, apenas quando produzir conflitos incompatíveis com outros valores e princípios constitucionalmente estabelecidos. É importante destacar que atribuir uma posição preferencial para um direito não significa afastar a responsabilidade de usuários e provedores, visto que todos os atores têm o dever de promover a qualidade das informações disponibilizadas na rede e de observar os limites constitucionais.[88]

Deve-se abominar a censura em todos os aspectos. Consequentemente, a atuação dos órgãos de controle no sentido de coibir os abusos deve-se pautar pela resposta eficaz, em tempo hábil, com foco na responsabilização posterior.

Entretanto, a velocidade da comunicação na contemporaneidade pode significar que, caso não haja uma atuação preventiva, a lesão pode ocorrer em proporções irreparáveis. Essa ponderação deve ser feita caso a caso. A análise

---

[88] SOUZA, Carlos Affonso; TEFFÉ, Chiara Spadaccini de. "Liberdade de Expressão e o Marco Civil da Internet". *TIC domicílios 2016: Pesquisa Sobre o Uso das Tecnologias de Informação e Comunicação nos Domicílios Brasileiros.*

da situação em concreto pode exigir resposta preventiva, evitando-se a ocorrência da lesão, ainda que o ilícito já tenha sido perpetrado ou esteja em vias de efetivação.

Em sua obra *A República*[89], Platão afirma que a liberdade é o princípio fundamental de um regime democrático, sendo uma aspiração humana fundamental. Adverte, contudo, que uma liberdade extremada, sem limites, sem nenhuma regulação moral superior, perde sua essência ética. De fundamento passa a ser um elemento nocivo para a própria vida em sociedade, possibilitando um ambiente anárquico e relativista.

Para que se possa compreender esse conceito restritivo em relação à liberdade, é pertinente trazer a conhecimento a distinção entre a liberdade de opinião e a liberdade de expressão elaborada pelo Comitê de Direitos Humanos da ONU. Aquela é irrestrita, a segunda não. Se, por um lado, as pessoas podem pensar o que quiserem, às vezes não poderão dizer ou escrever o que querem.[90]

Cuida-se da bidimensionalidade do direito à liberdade de expressão, uma dimensão individual e outra social. Quando a primeira dimensão significar ofensa à dimensão social, o coletivo prevalece, ainda que restringindo direito individual de índole fundamental.

---

[89] PLATÃO. *República.* Tradução: Maria Helena da Rocha Pereira. 9ª ed. Lisboa: Fundação Calouste Gulbbenkian, 2001.

[90] Art. 13. [...] 4. A lei pode submeter os espetáculos públicos a censura prévia com o objetivo exclusivo de regular o acesso a eles, para proteção moral da infância e da adolescência, sem prejuízo do disposto no inciso 2. 5. A lei deve proibir toda propaganda a favor da guerra, bem como toda apologia ao ódio nacional, racial ou religioso que constitua incitação à discriminação, à hostilidade, ao crime ou à violência.

O que precisa ficar claro é que a atuação do Estado, especialmente do Judiciário, nesse particular, deve ser minimalista, com uma intervenção excepcional naqueles casos em que a ausência de interferência possa significar a impossibilidade de reparação do direito violado.

O controle sobre quais conteúdos ou sobre o nível das críticas veiculadas, se aceitáveis ou não, deve ser realizado pela própria sociedade civil. A atuação da Justiça no âmbito da internet, ainda que envolva a honra e a reputação dos envolvidos, deve ser mínima, sob pena de silenciar o discurso dos cidadãos comuns no debate democrático.

Conforme o Parecer consultivo nº 5/1985, elaborado pela Corte Interamericana de Direitos Humanos, "para o cidadão comum, o conhecimento da opinião alheia ou da informação de que dispõem os outros tem tanta importância como o direito a difundir a própria".

O sistema jurídico não pode ter a pretensão de colocar a verdade como seu fundamento. Não cabe ao Direito a valoração do que é a verdade.

Com efeito, há quem defenda que a prevalência da liberdade de expressão é circunstância mais próxima à realidade norte-americana e inglesa, sendo nosso ordenamento alinhado com o alemão nesse particular. A liberdade de expressão não assumiria uma prévia posição de preferência entre os direitos reconhecidos como fundamentais. Essa compreensão parte da garantia constitucional à inviolabilidade dos direitos à privacidade, intimidade, honra e imagem (art. 5º, inciso X), sem descurar do direito de indenização e do direito de resposta. Não haveria justificativa para positivação constitucional do direito de indenização e do direito de resposta proporcional à ofensa se não houvesse meios para garantir a inviolabilidade daquele núcleo de direitos fundamentais.[91]

Nos Estados Unidos, desde 1971, a Primeira Emenda da Constituição veda a atividade legislativa que possa cercear a liberdade de expressão, de imprensa, de religião e de associação pacífica, sendo estendido o dever de abstenção aos demais poderes.

Como visto, no Brasil existem limitações a todo e qualquer direito previsto constitucionalmente, inclusive àqueles considerados fundamentais. Por exemplo, não se tolera o discurso de ódio, ainda que amparado pela liberdade de expressão.

Nesse ponto, valem as palavras do Ministro Barroso:

> O *hate speech* representa outra questão sensível e complexa. Na maioria dos países democráticos, o discurso que visa à depreciação de indivíduos ou de grupos vulneráveis por motivos de raça, etnia, cor, religião, gênero e orientação sexual, entre outros, não é aceitável e não está dentro do âmbito de proteção da liberdade de expressão. Os Estados Unidos, nesse caso em particular, constituem uma exceção solitária.[92]

Situação bastante peculiar vem ocorrendo no Brasil com alguma frequência, inclusive na seara eleitoral, é aquela em

---

91 SARLET, Ingo W. "Liberdade de Expressão e Biografias Não Autorizadas – Notas sobre a ADI 4.815". *Conjur*, 19 jun. 2015. Disponível em: https://www.conjur.com.br/2015-jun-19/direitos-fundamentais-liberdade-expressao-biografias-nao-autorizadas. Acesso em: 26 fev. 2022.

92 BARROSO, Luís Roberto. "Aqui, lá e em todo lugar: a dignidade humana no direito contemporâneo e no discurso transnacional". . São Paulo, v. 919, mai. 2012, p. 127 e ss.

que a desinformação e o discurso de ódio são amplamente difundidos e, quando há atuação estatal para coibir a prática ou responsabilizar o emissor, ele passa a utilizar-se dos direitos fundamentais e dos instrumentos democráticos previstos no sistema que ele mesmo atacara.

Evocando o conceito de Castells, vivemos numa "sociedade em rede", numa sociedade de informação, que se alimenta dessa matéria-prima e desenvolve-se com ela. A maior parte dos atos da vida civil, pessoal, profissional e comercial tem suporte digital, portanto deixa "rastros em rede"; ou seja, arquivos informáticos armazenam dados pessoais sobre todos os nossos atos cotidianos.

Práticas de consumo, de saúde, acadêmicas, bancárias, fiscais, de registros criminais, praticamente tudo está em rede. A coleta desses dados é de extremo relevo para todas as áreas, inclusive para a idealização de políticas públicas e, como não poderia deixar de ser, para identificar anseios e arregimentar simpatizantes — eleitores.

A informação digital — dados e metadados — é a principal matéria-prima do marketing político atualmente. Dados são o conteúdo das mensagens, aquilo que se diz, do que se faz *upload* ou *download*; e metadados incluem referências sobre a localização, a hora e o tipo de comunicação.

Um discurso de ódio e uma campanha massiva de desinformação, por exemplo, não são práticas aleatórias, mas inseridas em um contexto de marketing, com destinatários específicos, "escolhidos" pelos rastros digitais deixados cotidianamente.

Empresas especializadas em *data analytics* são contratadas e, por meio de tecnologia de análise de dados digitais, adequam o discurso político a determinados perfis de eleitores. Todas as informações digitais são recolhidas, tratadas e organizadas com base em idade, sexo, profissão, interesses pessoais, ideologias políticas, curtidas, comentários, compras, identificando um determinado segmento e predizendo comportamentos desses eleitores sobre determinadas matérias, a exemplo de costumes, economia, educação, segurança. Feita essa compilação, monta-se uma estratégia de discurso político que possa ser considerado mais eficaz, levando-se em conta aquele segmento em relação ao qual a informação será direcionada.

Embora essa seja uma realidade, ainda há muito a ser discutido sobre as eleições, principalmente no que se refere aos abusos de poder econômico e dos meios de comunicação, sempre lembrando que cabe à Justiça Eleitoral garantir a lisura do pleito e a igualdade de oportunidade entre os concorrentes aos cargos eletivos.

A ponderação acerca da liberdade de expressão em um terreno digital público, mas ofertado por empresas privadas que lucram com o fluxo de informações automatizadas e com publicidade, é um desafio de enormes proporções.

As empresas até o momento vêm-se mostrando parceiras na busca por um ambiente mais transparente nas redes sociais e nos serviços de mensageria. A dúvida que surge é quanto ao momento em que as políticas públicas nesse sentido interferirem em seus modelos de negócio. Existem propostas e discussões de modulação da responsabilidade das empresas quando houver alguma espécie de ganho com a atividade.

No que toca ao Poder Judiciário, a análise de conteúdo e a descoberta da verdade são questões talvez mais próximas à metafísica. Quando for o caso de intervenção, esta deve-se mostrar eficaz, valendo-se dos instrumentos processuais mais adequados, como a tutela inibitória e a tutela de urgência cautelar ou satisfativa, além de medidas de coerção típicas e atípicas.

Ademais, faz-se necessário um assessoramento técnico. Os órgãos de repressão aos crimes cibernéticos já possuem núcleos especializados para a tarefa. Se ainda não é o momento para a criação de varas especializadas por questões de política judiciária, há clara necessidade de um suporte — por especialistas em tecnologia — para que a determinação judicial tenha efetividade e seja eficaz, para que possa alcançar o verdadeiro responsável, os meios de financiamento e que tudo seja feito em tempo hábil.

Determinadas decisões nessa área podem afetar milhões de usuários, restringindo direitos individuais. Em outras situações, a remoção de conteúdo e a "derrubada" de uma página dependem de uma série de providências que são específicas dessa área de conhecimento.

Dessa forma, assim como acontece em temas específicos da área de saúde, há necessidade de um assessoramento técnico para que as decisões judiciais tenham capacidade de produzir os efeitos necessários, corretos e no tempo adequado.

Os países lidam com a problemática da desinformação de formas diferentes ao redor do mundo. Muitos atuam por intermédio de campanhas de informação e de alfabetização midiática, enquanto outros apostam na edição de leis sancionatórias, inclusive no âmbito criminal, bem como na regulação das mídias.

É possível verificar a existência de campanhas de alfabetização de mídias por meio de forças-tarefas governamentais ou entidades civis associadas, por exemplo, na Austrália, na Bélgica, no Canadá, na Dinamarca, na Indonésia — onde também existem ações sancionatórias —, na Itália, no

México, na Holanda, na Nigéria, na Coreia do Sul — onde há projetos de lei em andamento de forma concomitante —, na Suécia, na Espanha, no Reino Unido, entre outros.

Alguns países optaram por regulamentar o tema mediante a edição de leis ou propostas de alteração legislativa, notadamente com conteúdo sancionatório, inclusive prisões, e de regulação da mídia. São eles: Barein, Bangladesh, Belarus, Benin, Burkina Faso, Camboja, Camarões, China, Costa do Marfim, Croácia, Egito, França, Alemanha, Índia, Indonésia, Irlanda, Quênia, Malásia, Myanmar, Rússia, Arábia Saudita, Singapura, Taiwan, Turquia, Emirados Árabes Unidos, Estados Unidos, Vietnã, entre outros.

Como salientado, trata-se de tema em aberto, volátil e dinâmico, como a própria sociedade contemporânea.

8. Explicando a Preparação e as Eleições

Nas linhas seguintes, trataremos de explicar, com maior profundidade, o sistema de votação atualmente utilizado no Brasil, sendo nosso modelo reconhecido internacionalmente.

Antes de aprofundarmos o tema referente às urnas eletrônicas, é importante considerar que a logística envolvendo um pleito eleitoral no Brasil é de extrema complexidade, abarcando uma série de atividades relacionadas entre si, com o objetivo de prestar à população um serviço público eficiente.

Incumbe à Justiça Eleitoral esta tarefa.

Desde a escolha dos locais de votação — seja uma escola pública em São Paulo, seja uma aldeia indígena no Acre —, à preparação desses lugares, até o transporte e a manutenção das urnas, passando pelo recrutamento e treinamento dos mesários, cuida-se de atividade superlativa, com números que revelam a dimensão continental do país e a magnitude dos desafios enfrentados pelo Judiciário.

É preciso verificar as condições de salubridade, segurança e acessibilidade dos locais de votação; o cuidado com a saúde e a segurança sanitária dos mesários e eleitores; o acesso das pessoas com dificuldades de locomoção. Locais com problemas de segurança pública são fonte constante de preocupação e análise pelos servidores para fins de alocação dos postos de votação.

O trabalho dos mesários é voluntário, o que demanda esforço redobrado para seu recrutamento, treinamento e garantia de que compareçam no dia das eleições. O transporte das urnas exige preparação e logística de larga escala, salientando que em muitos locais há dificuldades de acesso de todas as ordens, seja novamente por questões de segurança, seja pelas condições geográficas das localidades.

Por exemplo, em Mato Grosso, com uma extensão de 906 mil quilômetros quadrados, há 1.499 locais de votação, dos quais pelo menos noventa são considerados de difícil acesso. Diversas comunidades somente têm acesso fluvial, sendo as urnas transportadas em barco, dentro de uma caixa plástica, com proteção contra poeira e água, para que a urna não afunde em caso de queda.

No Acre, são 687 locais de votação, sendo 85 de difícil acesso (sem acesso terrestre), incluindo comunidades isoladas e aldeias. Deslocamentos são realizados por meio de aviões e helicópteros da Força Aérea Brasileira, que, além das urnas eletrônicas, transportam mesários, equipamentos diversos e agentes de segurança.

No Amazonas, nas aldeias indígenas Riozinho e Kassawá, da etnia Hixkaryana, localizadas no Município de Nhamundá, cerca de 400 quilômetros de Manaus, as equipes da Justiça Eleitoral levam mais de 12 horas de barco, contando com vinte corredeiras, para o transporte dos equipamentos, mesários, técnicos de informática e segurança.

Simples exemplos que demonstram os desafios enfrentados pela Justiça Eleitoral no Brasil.

Os locais de votação são agrupados em seções eleitorais, que, por sua vez, compõem uma zona eleitoral. Os juízes eleitorais recebem competência para as zonas eleitorais, que podem compor um ou mais municípios. Nos grandes centros, são várias as zonas eleitorais, cada qual com um juiz eleitoral.

Cada eleitor estará vinculado a uma zona e seção eleitoral, designadas conforme seu local de domicílio e com prévio alistamento, de forma a facilitar seu comparecimento no dia do pleito no local de votação determinado.

O juiz eleitoral será sempre um juiz de direito e presidirá a junta eleitoral. A junta tem como missão realizar a apuração das eleições, sendo a primeira instância da apuração eleitoral.

Compete ao juiz eleitoral analisar inicialmente se determinada pessoa está apta a participar das eleições, seja como eleitor, seja como candidato. Após o alistamento eleitoral, o cidadão busca obter seu título de eleitor e o direito ao voto. Já o processo de registro de candidatura tem por objetivo demonstrar que o pretenso candidato preenche os chamados pressupostos de elegibilidade, que são previstos na Constituição e nas leis.

É o juiz eleitoral quem comanda toda a empreitada administrativa de organização das eleições, contando com a inestimável colaboração dos voluntários e dos servidores da Justiça Eleitoral. Tudo para que se possa alcançar o ponto máximo da cidadania, o dia das eleições.

9. Explicando as Urnas Eletrônicas

Como foi descrito ao longo do texto, muitas foram as formas de coleta e de armazenamento dos votos na história eleitoral brasileira.

Desde o voto falado ao ouvido do escrivão, com sua anotação e inserção nos "pelouros", até o chamado voto "bico de pena", somente com a criação da Justiça Eleitoral, em 1932[93], houve a criação de cabines de votação indevassáveis, embora

[93] "O respeito à vontade do eleitor sempre é o desejo da pureza eleitoral, democrática, transparente, nem sempre. Ao longo da história da Justiça Eleitoral há marcas visíveis na construção democrática brasileira, e outras invisíveis, porém, marcantes na elaboração democrática. A Justiça Eleitoral nasceu dos ideais da Revolução de 1930, como tema central — a verdade eleitoral, propugnada por seus arautos, indignados com o passado de acertos políticos e eleitorais dos grupos dominantes. O voto era mera exibição democrática, pois, as conveniências administravam as vitórias e decidiam os pleitos. A criação de uma justiça exclusiva para o processo eleitoral foi uma das soluções, pois, a administração da eleição fica entregue às mãos isentas da Justiça, e não dos chefes políticos, administradores das candidaturas, dos votos, dos resultados e da indicação dos eleitos." (ROSAS, Roberto. "O Sucesso da Justiça Eleitoral". *Revista do Instituto dos Advogados de São Paulo.* vol. 2, p. 137 - 143, jul - dez 1998).

as cédulas ainda tenham permanecido sob a fabricação dos candidatos.

Deve-se lembrar que o Código Eleitoral de 1932, em seu art. 57, previa a utilização de "máquinas de votar". Muito embora não tenha sido implementada, Sócrates Ricardo Puntel, em 1958, inventou a primeira urna mecânica, um aparato com duas teclas e réguas para exibição dos cargos.

Na prática, a história da urna eletrônica no Brasil tem início nas eleições de 1996, quando 57 cidades brasileiras fizeram a votação e a apuração por meio de um equipamento eletrônico de manuseio bastante simplificado. O projeto foi inicialmente implementado em todo o Estado do Rio de Janeiro, nas capitais das demais unidades da Federação e nos municípios com mais de 200 mil eleitores.[94] O modelo original possuía uma impressora destinada ao registro do voto. O papel era depositado de forma mecânica diretamente em uma urna de plástico acoplada ao terminal.

Curiosamente, a equipe técnica do Tribunal Superior Eleitoral que desenvolveu o sistema era apelidada de *Os Ninjas*, sendo essa também a primeira denominação do aparelho coletor eletrônico de voto. Talvez a principal diretriz adotada pela equipe tenha sido o fato de que o aparelho deveria ser *stand alone*, ou seja, tinha que ser capaz de funcionar sem fontes externas de energia e sem conexão com a internet.

A equipe era formada por técnicos e pesquisadores do próprio TSE, do Instituto Nacional de Pesquisas Espaciais (INPE) e do Centro Técnico Aeroespacial (CTA).

O tema referente à informatização do sistema de votação teve origem na implantação de um cadastro eleitoral

---

[94] O Distrito Federal não participou, uma vez que não há eleições para prefeito.

pelo Tribunal Superior Eleitoral, em 1985. Inicialmente com um eleitorado na casa dos 70 milhões de brasileiros, a base de dados do TSE é composta atualmente por informações pessoais de cerca de 150 milhões de eleitores.

Em uma grande evolução, não é demasiado referir, a Justiça Eleitoral, por meio do Projeto de Identificação Biométrica, até o encerramento do cadastro eleitoral de 2020, computava 119.717.413 eleitores com seus dados biométricos cadastrados, representando 79,54% do total de 150.519.635 eleitores.[95] É um projeto de âmbito nacional para a identificação e a verificação biométrica da impressão digital do eleitor, conferindo certeza em sua identidade e na correspondência entre aquele que se habilitou no alistamento eleitoral e o cidadão que se apresentou para exercer seu direito ao voto.

Antes do cadastro único, o registro dos eleitores era feito de forma individualizada por cada Tribunal Regional Eleitoral, o que abria espaço para erros e fraudes. O cadastro único permitiu a criação de uma rede de transmissão de dados globalizada, integrando as informações constantes dos 27 Tribunais Regionais Eleitorais para todas as 2.854 zonas eleitorais existentes no Brasil.

O cadastro nacional permitiu a implantação da totalização informatizada dos votos nas eleições de 1994, conquanto a votação e a apuração ainda tenham ocorrido de forma manual. Os resultados foram digitados e totalizados por meio de equipamentos informáticos.

Em 1996, cerca de 1/3 do eleitorado votou eletronicamente, tendo esse número duplicado já nas eleições de 1998.

---

95 Dados obtidos junto ao Tribunal Superior Eleitoral. Disponível em: https://www.tse.jus.br/eleitor/biometria. Acesso em: 01 mar. 2022.

Nas eleições do ano 2000, a urna eletrônica foi utilizada em todo o território nacional.

Retomando o exame sobre o equipamento que vem sendo utilizado pela Justiça Eleitoral, tivemos versões melhoradas da urna eletrônica em 1998, 2000, 2002, 2004, 2006, 2009, 2011 e 2013.

Nesse último modelo, ainda utilizado, o equipamento é, na realidade, um microcomputador composto por dois terminais: o terminal do eleitor, no qual é digitado o voto; e o terminal do mesário, no qual o eleitor é identificado — por análise de sua documentação pessoal ou pela biometria — e autorizado a votar. O terminal do eleitor possui, além do teclado numérico no qual o cidadão digita sua opção, um visor de cristal líquido, no qual aparecem as imagens dos candidatos inscritos e as orientações para o exercício do voto.

É curioso notar que o desenho do equipamento foi escolhido para a facilidade do manuseio, sendo essa a razão pela qual o teclado da urna lembra um telefone. Contudo, essa referência tem por base a década de 90 do século passado, período no qual os chamados "telefones fixos" ainda eram comuns nas residências da maior parte dos brasileiros. Atualmente, na era dos *smartphones*, é possível que, ao ser apresentado esse modelo, a referência já seja a própria urna eletrônica, e não mais os antigos aparelhos de telefonia.

A votação do futuro, é provável, não necessitará sequer da urna eletrônica, sendo o direito de voto exercitado por meio das facilidades tecnológicas presentes em todos os segmentos da vida contemporânea.

A urna eletrônica é equipamento leve, resistente e com várias camadas de segurança, tornando o voto ágil, simples e seguro. Os brasileiros sabem o resultado das eleições ao final do próprio dia da votação. Nas palavras do Ministro Barroso, "a urna eletrônica é um mecanismo revolucionário na história da democracia brasileira".[96] Segundo o Professor Diogo Rais, "precisamos compreender a urna eletrônica não como uma máquina de votar, mas como um ícone do processo de inclusão, eficiência e segurança que fez, faz e fará toda a diferença no sistema democrático brasileiro".[97]

Os sistemas utilizados pelo Tribunal Superior Eleitoral passam por uma série de testes de segurança e validação. Previsto em lei, ocorre um evento aberto ao público em geral denominado *Cerimônia de Assinatura Digital e Lacração dos Sistemas*, com a participação dos partidos políticos, do Ministério Público, da OAB, além de outros órgãos e entidades, em que os sistemas são aferidos publicamente.

Após todos os procedimentos, inclusive a chamada inseminação dos dados necessários às eleições, a urna recebe um lacre de segurança fabricado pela Casa da Moeda do Brasil

> A assinatura digital é uma técnica criptográfica usada para garantir que um conteúdo, no caso um arquivo digital, possa ser verificado principalmente no que se refere à sua integridade, isto é, busca garantir que o programa de computador não foi modificado de forma intencional ou não perdeu suas características originais por falha na gravação ou leitura. Isso significa que, se a assinatura digital for válida, o arquivo não foi modificado.

---

[96] Pronunciamento realizado por ocasião de evento online "25 anos da Urna Eletrônica — Tecnologia em Favor das Eleições", promovido pelo canal Judiciário Exponencial, em 10/09/2021. Disponível em: https://www.youtube.com/watch?v=seL3vpuQ2wk. Acesso em: 01 mar. 2022.

[97] Idem.

> A assinatura digital também é utilizada para assegurar a autenticidade do programa, ou seja, confirmar que o programa tem origem oficial e foi gerado pelo Tribunal Superior Eleitoral. Nesse caso, somente quem assinou digitalmente pode ter gerado aquela assinatura digital.
>
> Já o resumo digital, também chamado de resumo criptográfico ou *hash*, é uma técnica criptográfica que se assemelha a um dígito verificador. Dado um arquivo digital, pode-se calcular o resumo digital desse arquivo com um algoritmo público (método matemático conhecido por todos). No caso dos sistemas de urna, são calculados os *hashs* de todos os arquivos e esses resumos são publicados no portal do TSE.[98]

No dia das eleições, a urna imprime a "zerésima", comprovando que nenhum voto ainda foi inserido no equipamento. Já ao final da votação, são impressos os boletins de urna (BU), com um relatório analítico de todos os votos depositados identificando a quantidade de votos para cada candidato e partido político. Cinco vias são impressas, com a fixação de uma delas no local de votação, à vista de todos. Os fiscais dos partidos podem solicitar vias adicionais. Dessa forma, confere-se publicidade imediata ao resultado de cada urna tão logo encerrado o horário de votação.

Também no dia das eleições, ocorre um procedimento denominado de "votação paralela", uma auditoria da qual participam, além dos juízes eleitorais e representantes do

---

[98] TRIBUNAL Superior Eleitoral. "Segurança". Disponível em: https://www.tse.jus.br/eleicoes/urna-eletronica/seguranca. Acesso em: 01 mar. 2022.

Ministério Público, fiscais de partidos políticos e coligações, representantes da Ordem dos Advogados do Brasil, bem como entidades representativas da sociedade.

Após o sorteio de algumas urnas eletrônicas na véspera da eleição, no mínimo quinhentas cédulas de votação são entregues aos representantes dos partidos políticos. Após o preenchimento, essas cédulas são depositadas em urnas de lona lacradas.

Simultaneamente à votação oficial é realizada uma auditoria de verificação do funcionamento das urnas eletrônicas, com a votação paralela. Os participantes recolhem uma cédula do interior da urna de lona, sendo seu conteúdo revelado aos fiscais e demais presentes. A opção constante da cédula em papel é digitada no *Sistema de Apoio à Votação Paralela* e na urna eletrônica, sendo possível aferir a identidade de resultados. Todo o procedimento é fiscalizado e filmado. São verificadas a assinatura digital, o resumo digital, o registro digital do voto e o resultado da votação por cédula em comparação com o boletim da urna eletrônica.

Atualmente, pelo menos outros 46 países utilizam sistemas eletrônicos de votação em eleições nacionais e regionais, com modelos diversos, como Peru, Índia, Japão, França, Rússia, Suíça, Canadá e Austrália.[99]

Esse ponto nos leva a outro tema bastante importante que diz respeito ao órgão, entidade ou poder responsável pela organização e fiscalização das eleições no mundo.

---

[99] Dados pesquisados no site do Instituto para a Democracia e Assistência Eleitoral (IDEA). Disponível em: https://www.idea.int/. Acesso em: 01 mar. 2022.

10. A Justiça Eleitoral no Mundo

Apresenta-se a seguir apenas alguns modelos e exemplos de funcionamento de órgãos encarregados da eleição, para se compreender a diversidade de sua aplicação prática nos diversos países do mundo.

Exemplificativamente, no Chile, não existe a comunhão de competências e atribuições que há no Brasil. A atividade jurisdicional eleitoral fica a cargo do Tribunal Qualificador das Eleições, composto de três juízes da Corte Suprema, um advogado e um ex-presidente da Câmara dos Deputados ou do Senado. A organização das eleições é de responsabilidade de um órgão autônomo — fora das esferas de competência dos três Poderes. O Serviço Eleitoral é dividido em Juntas Eleitorais para cada província e em Juntas Inscritoras para cada comuna. O diretor do Serviço Eleitoral é nomeado pelo Presidente da República, após aprovação do Senado.

No Uruguai, as questões eleitorais são de responsabilidade da Corte Eleitoral, que possui competência jurisdicional, embora não integre o Poder Judiciário, sendo um órgão autônomo. A Corte Eleitoral possui nove membros, sendo cinco eleitos pelo Congresso e quatro indicados pelos partidos políticos. A administração das eleições é feita pelo Escritório Nacional e pelos Escritórios Departamentais Eleitorais. A apuração é realizada pelas Juntas Eleitorais Departamentais.

Na Argentina, a Câmara Nacional Eleitoral possui competência jurisdicional, sendo composta por três juízes, nomeados pelo Presidente da República, após aprovação do Senado, e atua como segunda instância dos feitos eleitorais. Na primeira instância, atuam os juízes eleitorais, que são magistrados federais de carreira. A organização das eleições fica a cargo da Direção Nacional Eleitoral, órgão vinculado ao Ministério do Interior. A apuração é de responsabilidade das Juntas Nacionais Eleitorais, coordenadas pela Câmara Nacional Eleitoral.

Na Alemanha, a administração do processo eleitoral cabe ao Diretor Eleitoral Federal e à Comissão Eleitoral Federal. Regionalmente, em cada estado, funciona um Diretor Eleitoral Estadual e uma Comissão Eleitoral Estadual. Localmente, em cada distrito, há um Diretor Eleitoral e uma Comissão Eleitoral Distrital. O Diretor Federal é nomeado pelo Ministro do Interior e escolhe outros seis membros da Comissão Eleitoral Federal. A Mesa Eleitoral é o órgão encarregado da recepção e apuração dos votos. A Corte Constitucional Federal é o órgão que exerce a competência jurisdicional eleitoral.

Na Itália, o Tribunal de Cassação exerce a função jurisdicional eleitoral em segunda instância, cabendo às Cortes de Apelação a análise inicial. A organização das eleições, inclusive o cadastro eleitoral, é de incumbência dos governos locais. A recepção e contagem dos votos é realizada pela Comissão Eleitoral Comunal.

Na França, no que concerne à palavra final das eleições, com a qualificação dos eleitos, tal atribuição fica a cargo do Conselho Constitucional, órgão composto por três membros escolhidos pelo presidente da República, três pelo presidente da Assembleia Nacional e três pelo presidente do Senado. A administração das eleições é de responsabilidade das prefeituras, com orçamento sob a responsabilidade do Governo Nacional. A competência jurisdicional é exercida, em primeira instância, pelos juízes eleitorais e, como órgão revisor, pela Corte de Cassação.

11. A Justiça Eleitoral e as Eleições no Brasil

No Brasil, criou-se um modelo que foi sendo desenhado desde o Império e ganhou estatura no século XX, no sentido de que o Poder Judiciário assumisse boa parte do serviço eleitoral. Ainda em 1916, o Presidente Wenceslau Brás sancionou a Lei nº 3.139, entregando ao Poder Judiciário a responsabilidade pelo alistamento eleitoral.

Em outros países, já estava caracterizada essa situação das eleições relacionadas ao Poder Judiciário, como na Inglaterra (desde 1868), Portugal (1896), Áustria, Polônia, Tchecoslováquia, Prússia, Alemanha, Grécia e, nas Américas, Uruguai e Argentina.

Aqui, o Código Eleitoral de 1932 estabeleceu que a Justiça Eleitoral iria cuidar de todos os trabalhos relacionados ao escrutínio: alistamento, organização das mesas de votação, apuração dos votos, reconhecimento e proclamação dos eleitos, bem como julgamento de questões que envolviam matéria eleitoral. Foi criado o Tribunal Superior de Justiça

Eleitoral, pelo Decreto nº 21.076/1932, como uma das consequências da Revolução de 1930.

Entendia-se que a lisura das eleições exigia um distanciamento do Executivo e do Legislativo do processo eleitoral, notadamente quanto à organização do pleito.

O Código Eleitoral de 1932 trouxe muitas inovações, principalmente no que se refere ao voto feminino facultativo; à instituição do sistema representativo proporcional; à regulação, em todo o território nacional, de eleições federais, estaduais e municipais. Entretanto, ainda existiam entraves democráticos com a impossibilidade de voto dos analfabetos, dos mendigos e dos "praças de pré".[100]

Permitia-se a candidatura avulsa, mas o registro prévio era obrigatório para todos os cargos eletivos.

Fixou-se definitivamente o voto secreto como um dos pilares do sistema eleitoral. Aponta-se que a instituição do voto secreto girou em torno da construção de um simbolismo que representasse o individualismo do voto. Os anos 1920, no Brasil, foram marcados pela tentativa de "criação" de um homem "europeizado". Buscava-se um ser virtuoso, cumpridor de suas obrigações como chefe de família e cidadão. Para tanto, a utilização de envelopes oficiais e dos gabinetes indevassáveis para o depósito dos votos era prática que facilitava o "renascimento" desse homem, antes subjugado pelos poderosos. Nessa mesma linha, ocorriam tentativas de organização dos conglomerados urbanos, com destruição de inúmeras moradias coletivas (os chamados cortiços).

O Decreto nº 22.621, de 5 de abril de 1933, elaborado pelo Governo Provisório, convocou eleições para uma Assembleia Nacional Constituinte. A Assembleia teria poderes para

[100] Militar pouco graduado ou sem patente.

aprovar os atos do Governo Provisório e eleger o presidente da República. A grande inovação teve por base a chamada "representação classista" para os deputados. Dos 251 cargos previstos, 214 deveriam ser preenchidos conforme as normas eleitorais e outras quarenta vagas por representantes de categorias profissionais, ou seja, "pelos sindicatos legalmente reconhecidos, pelas associações de profissionais liberais e de funcionários públicos". Cuida-se de fato excepcional na história das eleições brasileiras.

A Constituição de 1934 não trouxe grandes inovações, como já destacado anteriormente no capítulo próprio. Já a Lei nº 48, de 4 de maio de 1935, reformou de maneira relevante o Código Eleitoral de 1932, sendo as principais alterações a redução da idade mínima para o voto (de 21 para 18 anos); a obrigatoriedade do voto para as mulheres que exerciam função pública; e a limitação para a candidatura avulsa, exigindo para o registro a adesão de um número mínimo de eleitores, cinquenta nas eleições municipais e duzentos nas eleições estaduais ou federais.

Contudo, em 1937, a interrupção da ordem democrática, com a Constituição do Estado Novo, extinguiu a Justiça Eleitoral e atribuiu à União, privativamente, o poder de legislar sobre matéria eleitoral. O Código Eleitoral de 1932, com as modificações da Lei nº 48, acabou não sendo aplicado.

A *Polaca*, como foi apelidada a Constituição de 1937, além de extinguir a Justiça Eleitoral, o movimento liderado por Getúlio Vargas, com apoio de setores conservadores, aboliu os partidos políticos e as casas legislativas, como também suspendeu as eleições livres. Entre 1937 e 1945, período conhecido como Estado Novo, não houve eleições no Brasil.

O Tribunal Superior Eleitoral (TSE) só foi restabelecido em 28 de maio de 1945, pelo Decreto-Lei nº 7.586/1945, chamado de Lei Agamenon. No dia 1° de junho do mesmo ano, o Tribunal foi instalado no Palácio Monroe, no Rio de Janeiro. O Código Eleitoral de 1945 trouxe a obrigatoriedade de vinculação de todos os candidatos a partidos políticos, extinguindo a possibilidade de candidaturas avulsas. O Código regulamentou as eleições para a Assembleia Nacional Constituinte de 1945 e as eleições diretas para todos os níveis do Executivo e do Legislativo.

Em abril de 1960, com a nova capital federal, o TSE foi instalado em Brasília, em um dos edifícios da Esplanada dos Ministérios. Onze anos depois (1971), a sede do Tribunal foi transferida para a Praça dos Tribunais Superiores. No dia 15 de dezembro de 2011, foi inaugurada a nova sede do TSE, construção icônica, com projeto de Oscar Niemeyer.

Na página oficial do TSE, é possível, inclusive, visualizar a "Carta de Habite-se" da atual sede do órgão de cúpula da Justiça Eleitoral, com área total do edifício sede de 92.172,57m^2 e área total de construção de 111.635,29m^2.

Desde então, como já se examinou, a Justiça Eleitoral vem preparando, cuidadosamente, todo o calendário eleitoral, organizando cada passo desta longa caminhada até a eleição e posterior diplomação dos eleitos, viabilizando a realização da democracia em nosso país.

12. Considerações Finais

O texto buscou trazer de forma panorâmica alguns pontos relevantes sobre as eleições no Brasil.

Estabeleceu-se uma abordagem igualmente histórica e jurídica, destacando curiosidades sobre períodos específicos de nossa sociedade, desde a chegada dos portugueses até os dias atuais, sempre considerando as limitações do trabalho.

Foram ressaltados aspectos referentes à participação popular e aos momentos de transição entre o Império, a Independência e a República, abordando-se de forma analítica os períodos mais sensíveis de nossa história.

A Justiça Eleitoral no Brasil é bastante peculiar e desempenha múltiplas funções, desde a organização e a fiscalização das eleições, passando pela normatização administrativa dos pleitos, a atividade consultiva, até o exercício da função jurisdicional eleitoral.

Em um país de dimensões continentais, com uma realidade plural, desigualdades flagrantes e mais de 150 milhões de eleitores, a entrega da maior missão democrática a um órgão especializado do Judiciário revela o tamanho do desafio enfrentado diuturnamente.

A Justiça Eleitoral vem cumprindo seu papel de forma irretocável ao longo dos anos. O Judiciário Eleitoral tem uma história de sucesso, de acerto e de compromisso com os valores tão caros ao Estado Democrático de Direito. Velar pela lisura das eleições, entregar um serviço público de qualidade, eficiente e célere, garantir a igualdade entre os concorrentes e o pleno exercício do direito de voto, são objetivos que vêm sendo alcançados com o reconhecimento da sociedade brasileira.

Referências

ALMOND. G.; VERBA S. *The Civic Culture: Political Attitudes and Democracy in Five Countries.* Princeton: Princeton University Press, 1963.

ANNINO, Antonio; ROMANELLI, Raffaele. "Notabili, Elettori, Elezioni: rappresentanza e controllo elettorale nell'800 (introdução)". *Quaderni storici,* nº 69, ano XXIII, fascículo 4, p. 675 – 684, dezembro 1988.

BARROSO, Luís Roberto. "Aqui, lá e em todo lugar: a dignidade humana no direito contemporâneo e no discurso transnacional". *Revista dos Tribunais.* São Paulo, v. 919, mai. 2012. p. 127 e ss.

BEZERRA, Arthur C. "Contribuição da Teoria Crítica aos Estudos sobre Regime de Informação e Competência Crítica em Informação". *XIX Encontro Nacional de Pesquisa em Ciência da Informação (XIX ENANCIB).* Brasil, ago. 2018. Disponível em: <http://enancib.marilia.unesp.br/index.php/XIX_ENANCIB/xixenancib/paper/view/1354>. Acesso em 01 mar. 2022.

BOBBIO, Norberto. *Liberalismo e Democracia.* 6ª ed. São Paulo: Brasiliense, 1994

BORGES, Vera Lúcia Bogéa. *A Batalha Eleitoral de 1910.* Rio de Janeiro: Apicuri, 2011.

BURRIL, Alexander M. *A Law Dictionary and Glossary.* vol. 2. New York: Baker, Voorhis & Co., 1870.

CARVALHO, José Murilo de. *Cidadania no Brasil: O Longo Caminho.* 27ª ed. Rio de Janeiro: Civilização Brasileira, 2021.

CARVALHO, José Murilo de. *Os Bestializados: O Rio de Janeiro e a República que Não Foi.* 3ª ed. São Paulo: Companhia das Letras, 1987.

CARVALHO, José Murilo de. "Mandonismo, Coronelismo, Clientelismo: Uma Discussão Conceitual". *Dados.* Rio de Janeiro, nº 2 (1997). Disponível em https://www.scielo.br/j/dados/a/bTjFzwWgV9cxV8YWnYtMvrz/?lang=pt. Acesso em 01 mar 2022.

CARVALHO, Priscila R. "Conexão Informacional Entre Campanhas Eleitorais: Análise de Estratégias e Postagens no Facebook". Dissertação. Programa de Pós-Graduação em Ciência da Informação — Escola de Comunicação, Instituto Brasileiro de Informação em Ciência e Tecnologia — Universidade Federal do Rio de Janeiro, Rio de Janeiro, 2020.

CAVALCANTI JÚNIOR. Manoel Nunes. "Eleições e Cultura Política no Brasil Império: A Primeira Eleição da Regência Una (Pernambuco, 1835)". *Simpósio Nacional de História,* 29, Brasília, DF. Anais. São Paulo: Associação Nacional de História, 2017. p. [1-10].

DUARTE, Nestor. *A Ordem Privada e a Organização Política Nacional.* São Paulo: Companhia Editora Nacional: 1939.

DUVERGER, Maurice. *Os Partidos Políticos.* Rio de Janeiro: Zahar, 1970.

ELKINS, Zachary. "Quem iria votar? Conhecendo as consequências do voto obrigatório no Brasil". *Opinião Pública.* Campinas, v. 6, nº 1, p.

109 – 136, 2000. Disponível em: https://bibliotecadigital.tse.jus.br/xmlui/handle/bdtse/3508. Acesso em: 01 mar. 2022.

FAORO, Raymundo. *Os Donos do Poder: Formação do Patronato Político Brasileiro.* 3ª ed. rev. São Paulo: Globo, 2001.

FLORY, Thomas. *Judge and Jury in Imperial Brazil, 1808-1871.* Austin: University of Texas Press, 1981.

GAGLIARDO, Vinicius Cranek. "Imprensa e Civilização no Rio de Janeiro Oitocentista". Tese. Doutorado em Ciências Humanas e Sociais — Faculdade de Ciências Humanas e Sociais, Universidade Estadual Paulista "Júlio de Mesquita Filho", 2016

GAY, Peter. "Demagogos e Democratas". *In:* _____. *A Experiência Burguesa: Da Rainha Vitória a Freud. v.3 — O cultivo do ódio.* São Paulo: Companhia das Letras, 1988-1995. p. 222 – 227.

GIMENES, Éder Rodrigo. *Eleitores e Partidos Políticos na América Latina.* 1ª ed. Curitiba: Editora Appris, 2017.

GRAHAM, Richard. *Clientelismo e Política no Brasil do Século XIX.* Rio de Janeiro: Editora UFRJ, 1997.

JOBIM, Nelson. "O Brasil, Uma Pincelada no Sistema Eleitoral". *In:* NORONHA, João Otávio; PAE KIM, Richard (coord.) *Sistema Político e Direito Eleitoral Brasileiros. Estudos em Homenagem ao Ministro Dias Toffoli.* São Paulo: Atlas, 2016.

KINZO, Maria D'Ávila Gil. *Representação Política e Sistema Eleitoral no Brasil.* São Paulo: Símbolo, 1980.

LAMBERT, Jacques. *Os Dois Brasis.* São Paulo: Companhia Editora Nacional, 1971.

LAVAREDA, Antonio. *Emoções Ocultas e Estratégias Eleitorais.* Rio de Janeiro: Objetiva, 2009.

LEAL, Victor Nunes. *Coronelismo, Enxada e Voto.* Rio de Janeiro: Forense, 1948.

LEMBO, Cláudio. LEMBO, Cláudio. "Problemas Políticos Brasileiros". *In:* NORONHA, João Otávio; PAE KIM, Richard (coord). *Sistema político e Direito Eleitoral brasileiros. Estudos em Homenagem ao Ministro Dias Toffoli.* São Paulo: Atlas, 2016

MOTTA, Kátia Sausen da. *Eleições no Brasil do Oitocentos: Entre a Inclusão e a Exclusão da Patuleia na Cidadela Política (1822-1881).* Tese. Doutorado em História Social das Relações Políticas — Pós-Graduação *stricto sensu,* Universidade Federal do Espírito Santo. Vitória, 2018.

MOREL, Marco. *O Período das Regências (1831-1840).* Rio de Janeiro: Jorge Zahar Editor, 2003.

NEITSCH, Joana. "A história mostra que há possibilidades de escolha; o futuro não está traçado" — Antonío Manuel Hespanha, professor catedrático da Universidade Nova de Lisboa". *Gazeta do Povo.* 9 set. 2015. Disponível em: https://www.gazetadopovo.com.br/vida-publica/justica-e-direito/entrevistas/a-historia-mostra-que-ha-possibilidades-de-escolha-o-futuro-nao-esta-tracado-3wrq37nd0y50ub97zv9fou7yu/. Acesso em: 01 mar 2022.

NEVES, Lucia Maria Bastos Pereira das. "Las Elecciones en la Construcción del Imperio Brasileño: Los limites de Una Nueva Práctica de la Cultura Política Lusobrasileña (1820-1823)". *In:* ANNINO, Antonio (org.). *Historia de las Elecciones en Iberoamérica, siglo XIX: De la Formación del Espacio Político Nacional.* Argentina: Fondo de Cultura Económica, 1995.

NEVES, Lúcia Maria Bastos Pereira das. *Corcundas e Constitucionais: A Cultura da Independência (1820-1822).* Rio de Janeiro: Revan, 2003.

OLIVEIRA, Adriano; ROMÃO, Maurício Costa; GADELHA, Carlos. *Eleições e Pesquisas Eleitorais: Desvendando a Caixa-Preta.* Curitiba: Juruá, 2012,

PEREIRA, Tito Fulgêncio Alves. *A Carteira do Eleitor.* Belo Horizonte: Beltrão & comp. editores, 1905.

PIMENTA, Evaristo Caixeta. "As Urnas Sagradas do Império do Brasil: Governo Representativo e Práticas Eleitorais em Minas Gerais (1846-1881)". Dissertação. Mestrado em História — Programa de Pós-Graduação em História, UFMG, Belo Horizonte, 2012. p. 167 – 168

PINSKY, Jaime; PINSKY, Carla Bassanezi. (org.). *História da Cidadania.* 2ª ed. São Paulo: Contexto, 2003.

PLATÃO. *República.* Tradução Maria Helena da Rocha Pereira. 9ª ed. Lisboa: Fundação Calouste Gulbbenkian, 2001.

PRADO JÚNIOR, Caio. *Formação do Brasil Contemporâneo.* 23ª edição. São Paulo: Brasiliense, 1994.

RADMANN, Elis Rejane Heinemann. O eleitor brasileiro: uma análise do comportamento eleitoral. 2001. 286 f. Dissertação. Programa de Pós-Graduação em Ciência Política — Universidade Federal do Rio Grande do Sul, Porto Alegre, 2001.

RATTO, Maria Celeste; MONTERO, José Ramón. O Comportamento Eleitoral dos Argentinos: Algumas Chaves das Eleições Presidenciais de 2007. *In:* TELLES, H; MORENO, Alejandro. *Comportamento Eleitoral e Comunicação Política na América Latina.* Belo Horizonte: Editora UFMG, 2014.

RIBEIRO, Darcy. *O Povo Brasileiro: A Formação e o Sentido do Brasil.* São Paulo: Companhia das Letras, 1999.

RODRIGUES, José Honório. *Conciliação e Reforma no Brasil.* Rio de Janeiro: Nova Fronteira, 1982.

ROSANVALLON, Pierre. *Le Sacre du Citoyen: Histoire du Suffrage Universel en France.* Paris: Gallimard, 1992.

ROSAS, Roberto. "O Sucesso da Justiça Eleitoral". *Revista do Instituto dos Advogados de São Paulo*. vol. 2, p. 137 – 143, jul – dez 1998.

RUIZ, Letícia. Comportamento eleitoral e oferta partidária na América latina. *In*: TELLES, H; MORENO, Alejandro. *Comportamento Eleitoral e Comunicação Política na América Latina*. Belo Horizonte: Editora UFMG, 2013.

SARLET, Ingo W. "Liberdade de Expressão e Biografias Não Autorizadas – Notas sobre a ADI 4.815". *Conjur*, 19 jun. 2015. Disponível em: https://www.conjur.com.br/2015-jun-19/direitos-fundamentais-liberdade-expressao-biografias-nao-autorizadas. Acesso em: 01 mar 2022.

SILVA, Maria Beatriz Nizza da. *Movimento Constitucional e Separatismo no Brasil, 1821-1823*. Lisboa: Livros Horizontes, 1988. p. 115

SILVA, José Justino de Andrade e. *Colleção Chronológica da Legislação Portugueza, 1603-1612*. Lisboa: Imprensa de J.J.A. Silva, 1854, p. 315 – 317.

SODRÉ, Nelson Werneck. *Formação Histórica do Brasil*. São Paulo: Editora Brasiliense, 1962. p. 222 – 274.

SODRÉ, Nelson Werneck. *Vida e Morte da Ditadura*. Petrópolis: Vozes, 1984.

SOUZA, Alexandre de Oliveira Bazilio. "Das Urnas para as Urnas: O Papel do Juiz de Paz nas Eleições do Fim do Império (1871-1889)." Dissertação. Pós-graduação em História do Centro de Ciências Humanas e Naturais —UFES. Vitória, 2012.

SOUZA, Francisco Belisário Soares de. *O Sistema Eleitoral no Império: Com Apêndice Contendo a Legislação Eleitoral no Período 1821-1889*. Brasília: Senado Federal, 1979.

SOUZA, Eduardo Nunes de. "Qual Liberdade Tutelar na Era da Opinião Irresponsável? — Apresentação à Obra Responsabilidade Civil na Rede: Danos e Liberdade à Luz do Marco Civil da Internet, de QUEIROZ, João Quinelato de. Rio de janeiro: Processo, 2019". *Revista Brasileira de Direito Civil – RBDCivil.* Belo Horizonte, v. 22, p. 271-283, out./dez. 2019.

SOUZA, Carlos Affonso; TEFFÉ, Chiara Spadaccini de. "Liberdade de Expressão e o Marco Civil da Internet". *TIC domicílios 2016: Pesquisa Sobre o Uso das Tecnologias de Informação e Comunicação nos Domicílios Brasileiros.*

TAVARES, José Antônio Giusti. *Sistemas Eleitorais nas Democracias Contemporâneas: Teoria, Instituições, Estratégia.* Rio de Janeiro: Relume-Dumará, 1994.

VELLASCO, Ivan de Andrade. "Clientelismo, Ordem Privada e Estado no Brasil Oitocentista: Notas para um Debate". *In*: CARVALHO, José Murilo de; NEVES, Lúcia Maria Bastos Pereira das (org.). *Repensando o Brasil dos Oitocentos.* Rio de Janeiro: Civilização Brasileira, 2009.

VIANA, Oliveira. Instituições Políticas Brasileiras — Fundamentos Sociais do Estado (Direito Público e Cultural). Brasília: Conselho Editorial do Senado Federal, 1999. Disponível em: https://www2.senado.leg.br/bdsf/item/id/1028. Acesso em: 01 mar 2022.

WEBER, Max. *Economia e Sociedade: Fundamentos da Sociologia Compreensiva. 2 volumes.* Brasília: Editora Universidade de Brasília: São Paulo: Imprensa Oficinal de São Paulo, 1999.

ZEPEDA, Juan Antonio Rodríguez; OTERO FELIPE, Patricia. "Proximidad Ideológica en las Elecciones Presidenciales de Costa Rica, El Salvador y Honduras". *América Latina Hoy,* 77 (2017), p. 17 – 45.

Coleção MyNews Explica

MyNews Explica Evangélicos na Política Brasileira – Magali Cunha

Próximos lançamentos

MyNews Explica Budismo – Heródoto Barbeiro
MyNews Explica Astronomia – Cássio Barbosa
MyNews Explica Buracos Negros – Thaísa Bergmann
MyNews Explica Como Morar nos EUA – Isabela Borges
MyNews Explica Vacinas – Gustavo Cabral
MyNews Explica Relações Internacionais – Guilherme Casarões
MyNews Explica Como Viver em Portugal – Andrea Duarte
MyNews Explica Liberalismo – Joel Pinheiro Fonseca
MyNews Explica Fascismo – Leandro Gonçalves e Odilon Caldeira Neto
MyNews Explica Integralismo – Leandro Gonçalves e Odilon Caldeira Neto
MyNews Explica Pesquisas Eleitorais – Denilde Holzhacker
MyNews Explica Sistemas de Governo – Denilde Holzhacker
MyNews Explica Previdência do Servidor Público – Mara Luquet
MyNews Explica Interculturalidade – Welder Lancieri Marchini
MyNews Explica Exoplanetas – Salvador Nogueira
MyNews Explica o Comunismo -, Rodrigo Prando
MyNews Explica Eleições e Mercado – Jorge Simino Jr.
MyNews Explica a Rússia Face ao Ocidente – Paulo Visentini